シアス大学のシンボル、行政楼
（事務本館）

シアス大学キャンパス

日本語学科４年生の卒業前の記念写真

日本語学科 4-1
授業風景

教員食堂で
米国人教師達と
賑やかな朝食

音楽学部卒業生による中国オペラ公演

新鄭広場での
大龍舞踊祭

南京大虐殺記念館での
12·13紀年式典大看板

春秋時代の黄皇帝
故宮（新鄭）

鄭州人民公園で二胡演奏練習する親子

開封にある宋の歴代王朝の王宮

中国三大石窟の一つ洛陽龍門石窟

孔子のふるさと曲阜孔子生誕園

泰山登山の石段は満員状態

列車待ちの乗客達で賑わう
西安駅

西安兵馬俑博物館の兵士
の顔立ちは全て異なる

西安古城壁の上を自転車で
一周できる

昆明のサクランボ売り

大理喜州村の藍染は色鮮やかで美しい

スタートのタイミングを計る鵜匠（大理耳海）

雲南省麗江古城街を行く村人

麗江ナシ族の民族舞踊

ナシ族のおばちゃんが売る
スモモはとてもおいしい

無錫太湖で獲れる魚を売る
老夫婦

チャイナの夜明け

日本語教師の中国四千年紀行

成田　弘

目次

第４章　チャイナ・インパクト　169

第５章　遥かなる大地中国　209

中国の省・自治区・直轄市・主要都市

広東省　広州、深セン、珠海、汕頭、佛山、東莞、中山、潮州
湖北省　武漢、荊州、宣昌、黄石、襄陽、随州、仙桃
湖南省　長沙、株州、岳陽、常徳、張家界、益陽、永州
江蘇省　南京、無錫、蘇州、常州、揚州、南通、鎮江、泰州
浙江省　杭州、寧波、温州、金華、台州、湖州、紹興、舟山
福建省　福州、アモイ（厦門）、泉州、三明、南平、寧徳、龍岩
安徽省　合肥、准南、馬鞍山、准北、安慶、黄山、阜陽
江西省　南昌、九江、景徳鎮、新余、吉安、宜春
山東省　済南、青島、泰安、東営、煙台、威海、日照、徳州
山西省　太原、運城、大同、陽泉、長治、晋城、晋中
河北省　石家庄、唐山、秦皇島、邢台、保定、張家口、承徳
河南省　鄭州、洛陽、開封、安陽、許昌、焦作、商丘、登封、周口、信陽、南陽
遼寧省　瀋陽、大連、旅順、錦州、遼陽、丹東、本渓、朝陽
吉林省　長春、吉林、四平、遼源、通化、白山、松原、白城
黒竜江省　ハルピン、チチハル、鶏西、大慶、伊春、牡丹江
四川省　成都、綿陽、徳陽、広元、内江、南充、眉山、広安
雲南省　昆明、大理、麗江、香格里拉、西双版納、商通、曲靖、玉渓
貴州省　貴陽、安順、銅仁、華節、遵義

陝西省　西安、銅川、宝鶏、延安、漢中、楡林、安康
甘粛省　蘭州、金昌、白銀、天水、武威、酒泉、慶陽
海南省　海口、三亜、五指山、文昌、万寧、東方
広西チワン自治区　南寧、桂林、柳州、北海、貴港、玉林、百色
青海自治区　西寧、海東、海北、黄南、海西、果洛
新疆ウイグル自治区　ウルムチ、トルファン、カラマイ、ハミ、クイトゥン、コルラ
内モンゴル自治区　フフホト、ウランチャブ、パオトウ、シリンホト、オルドス
チベット自治区　ラサ、チャムド、シガツェ、ガリ、ナチュ、ニンティ
直轄市　北京、上海、天津、重慶
港・澳・台　香港、マカオ、台湾

中国歴史年表

	年	王朝	都	王	備考
BC	2100	夏	陽城	禹	帝舜の禅譲を受けて、夏王朝を建国
	1600	殷（商）	殷	⊠王他	中国最古の漢字が生まれる
	1027	周（西周）	鎬京	武王他	武王が殷を滅ぼし、周王朝を建国
	770	春秋時代（東周、鄭、魯他）	洛陽	平王他	洛陽に都を移して東周王朝となる
	552				BC552 年、魯に孔子が誕生
	403	戦国時代（韓、魏、趙、斉他）			晋が韓、魏、趙の三国に分裂、戦国時代が始まる
	221	秦	長安	政（始皇帝）	始皇帝が中国を統一
	206			胡亥	楚の項羽、劉邦などが挙兵し、秦を滅ぼす
	202	漢（前漢）	長安	劉邦	劉邦が項羽を破り、中国を統一
					BC97 年司馬遷の「史記」完成、AD2 年中国に仏教伝来
AD	23	後漢	洛陽	光武帝	
	57			明帝	
	184			少帝	黄巾の乱起こる
	220	三国時代			
		魏	洛陽	曹丕	曹丕が後漢を滅ぼし、魏王朝を建国
		蜀	成都	劉備	劉備が蜀を建国
		呉	南京	孫権	孫権が呉を建国
	265	晋（西晋）	洛陽	武帝（司馬炎）	司馬炎が魏を内部から乗っ取り、晋を建国
	280				280 年呉を滅ぼし、中国を統一
	304	五胡十六国時代	洛陽、長安他	恵帝他	北方五族が中国に侵入し、次々と国（十六国）を作った
	439	南北朝時代（北魏他）	平城他	太武帝他	
	581	随	長安	文帝（楊堅）	楊堅が北周を滅ぼし、随を建国
	618	唐	長安	太宗	629 年玄奘、インドに出発（西遊記の時代）
	690			則天武后	
	755			玄宗	安禄山の乱　楊貴妃殺害される
	907	五代十国時代	開封	朱全忠	
	960	宗（北宋）	開封	太祖	宋末期は「水滸伝」の時代
	1127	金（南宋）	開封	高宗	1206 年チンギス・ハン蒙古統一
	1234	蒙古（南宋）	開封	チンギス・ハン	
	1271	元（南宋）	北京	フビライ・ハン	蒙古が国号を元とする
	1279	元	北京	フビライ・ハン	元が南宋を滅ぼす　中国統一
	1368	明	南京	洪武帝	洪武帝が元を北に追いやり、明を建国
	1421		北京	永楽帝	蒙古対策のため、北京に遷都
	1644	清	北京	順治帝	明王朝滅亡
	1840			宣帝	アヘン戦争始まる
	1894			光緒帝	日清戦争始まる
	1912	中華民国		宣統帝（溥儀）	宣統帝退位により中華民国が建国される
	1927		南京		蒋介石、南京に国民政府樹立
	1928				済南事件
	1931				柳条溝事件
	1932				満州国建国
	1936				西安事件
	1937		重慶		盧溝橋事件　首都を重慶に移す　南京陥落
	1938	中華民国	南京		南京に中華民国維新政府樹立
	1941				太平洋戦争勃発
	1943				蒋介石、国民政府主席に就任
	1946				国共全面内戦始まる
	1949	中華人民共和国	北京		国民政府、台北に遷都　中華人民共和国成立
	1950				朝鮮戦争参戦
	1977				文化大革命終結宣言
	1989				天安門事件

〈中国省別地図〉中国地図 A

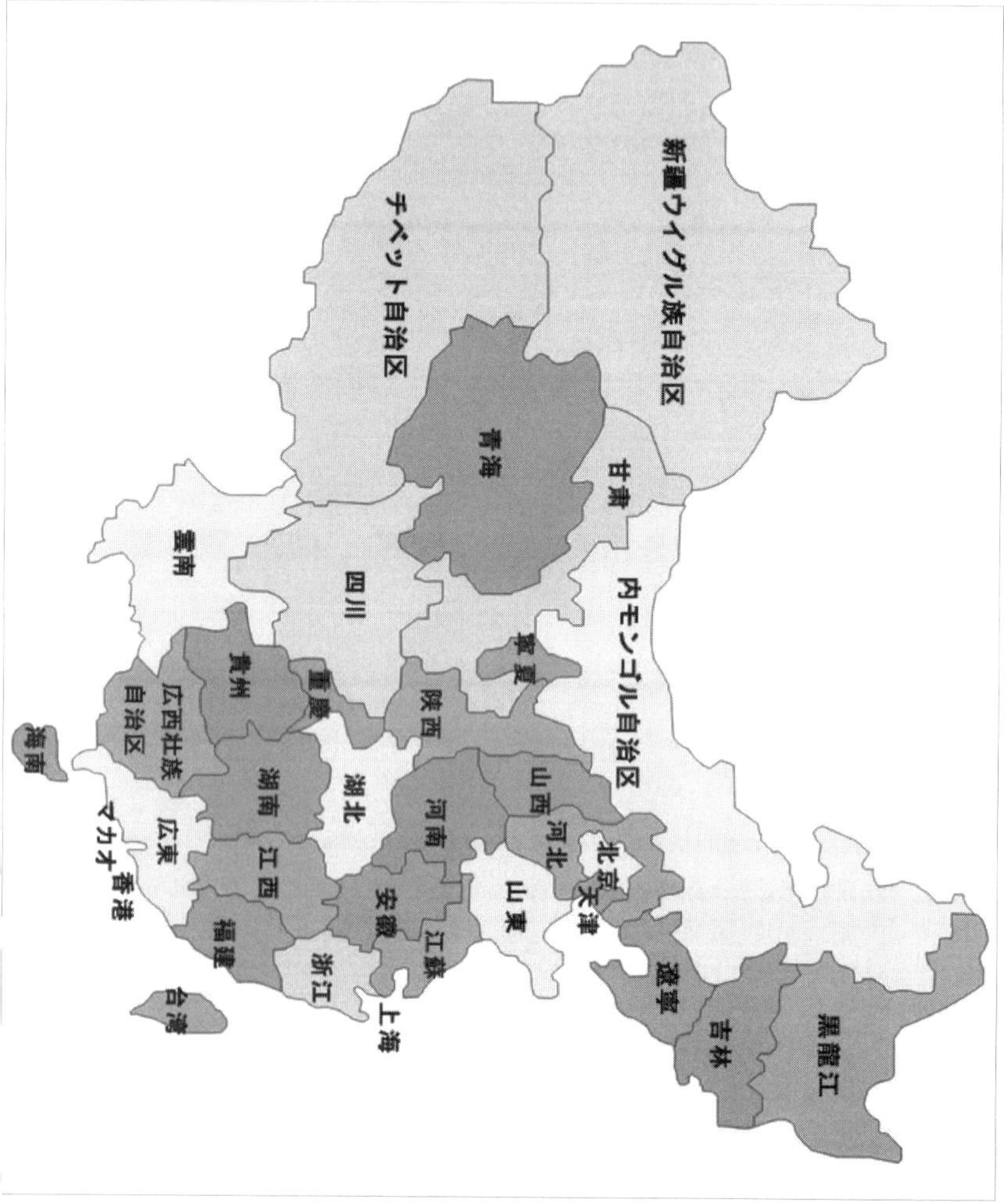

〈中国全体地図〉中国地図 B

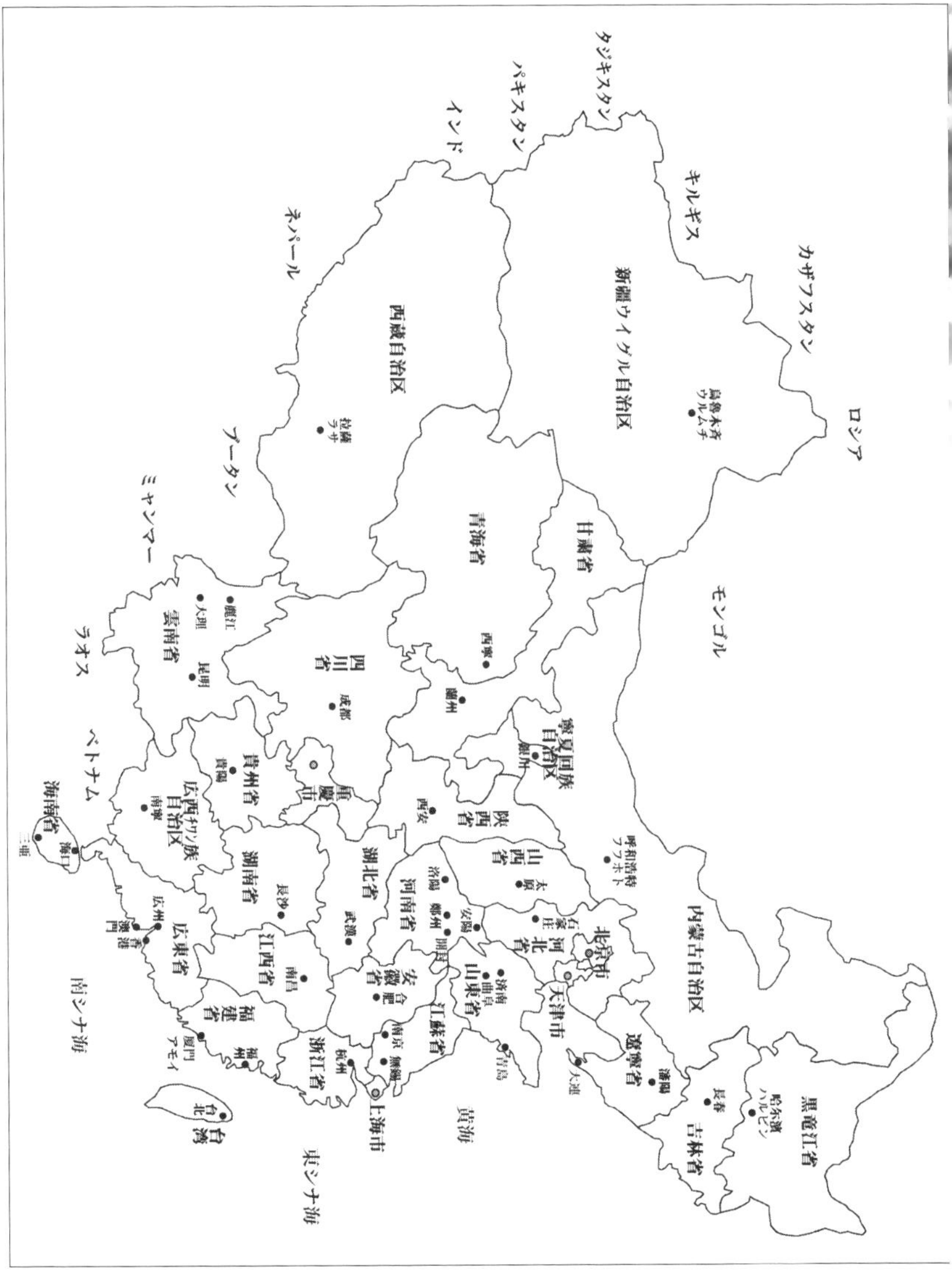

プロローグ

私が中国の大学で日本語教師を勤めたのは、それまで定年退職後に契約顧問として勤務していたある日本の貿易会社を退社した直後の、そしてあの東日本大震災があった年の2011年8月末から翌2012年夏までの一年間であった。

わずか一年ではあったが、その間に凝縮された多くの素晴らしい経験を得ることができたように思う。

7年前に初めて自分の本を発刊した「ユーラシアの風に吹かれて」は今から45年前、学生時代に9ヶ月の期間をかけてアジア、ヨーロッパを旅しながら書いた旅日記をベースに後で本に綴ったユーラシア大陸一周の紀行文であった。

ところがその時はユーラシア大陸のかなりの部分を占める中国には残念ながら行くことが出来ず、従ってその本に描かれたユーラシア大陸の地図にも中国は白紙のままであった。その理由は勿論、その頃はまだ日中国交がなされていない時代であった為、行きたくても行くことが出来なかったからである。

日中国交正常化の調印がなされたのは私がユーラシア大陸を旅した3年後の1972年9月のことであり、当時の田中角栄首相と中国の周恩来首相とが調印に立ち会い、日中共同声明が行われた。この共同声明により戦後初めて正式に日中の国交正常化が実現されたわけである。

その記念すべき年から約40年後に私は日本語の教師として中国の大学に勤務する機会を得たのである。

それ以前にも旅行等で何回かは中国を訪問していたが、断片的な姿しか見ることはできなかった。その後、中国語を毎週学習している内に中国のいろいろな事柄に興味を覚え、中国を深く知りたい願望は日増しに強くなって来ていた為、いつか中国の大学に行って、語学留学をしてみたいと本気で考えていた時期もあった。

そうこうしている内に中国の大学での日本語教師の話が突然舞い込んで来たわけである。

初めは多少の不安こそあったが、二度とないチャンスを逃したくないという思いの方が強く、有り難くお受けすることにした。

中国の学生に出来るだけ正しい日本語と正しい日本の姿を理解してもらえる様に努力してみよう。中国の歴史、文化、風土、生活様式等を少しでも多く吸収することが出来るように積極的に各地に出掛けてみよう。更には中国語が少しでも上達するように中国語での会話を大いに実践してみようという色々欲張った思いを込めて、中国の大学に足を踏み入れ、約一年間の大学教師生活にチャレンジする事となったのである。

個人的に言えば、これで45年前に行った広大なユーラシア大陸一周踏査旅行が、かなりの時間の経過を通して、やっと初めて中国大陸と繋がることにより、白紙であった中国の地図をも中に書き込むことが出来て、名実ともにユーラシア大陸全土に歩を刻むことが実現できることの喜びと期待感がいっぱいに込み上げて来た。

そして結果として、中国の大きさ、奥の深さ、歴史と伝統、幅広い文化等々を少しでも多く体感したいという思いから、中国各地の様々な所を出来る限り歩き疲れるまで歩き、そしていろいろな人々との素晴らしい出会いに遭遇し、多くの話をする機会にも恵まれた。また学生たちの実家などにも訪問する機会を得て、中国の家庭の雰囲気を直に味わうことも出来た。

本書においては筆者の中国での教師生活並びにその時の素晴らしい旅行体験、さらにはその前後の年に旅した貴重な体験を通して、多角的なアングルから中国の様々な事柄について筆者の独断と偏見を交えながら立体的にアプローチしてみたいと思う。

第1章　日本語教師として中国へ

1. 突然のお誘い

以前より中国語を教えてくれていた中国人の李先生から、ある日突然、「中国河南省の大学で日本語の教師を募集しているんですけど、成田さん、もし良ければ行く気はありませんか?」と誘われたのは2011年6月頃の事であった。

元々中国語や中国文化をもっと深く学びたいという思いから、会社を退職したら半年位中国の大学に留学してみてもいいなあと言う気持ちはあった為、願ったり叶ったりという感じで、「有難うございます。是非前向きに検討させて下さい」と返事をしておいたが、その後少し経ってから「成田さん、すみません、実はこの大学では年齢制限で60歳までという条件があり、これを超えているとちょっと難しいみたいなんですが……」という連絡が入った。

「ええ? そうなんですか、まあ残念だけど仕方ないですね、それであれば、留学の方を検討してみますので心配しなくても大丈夫ですよ」と言いながらも内心はがっかりという感じであった。

しかしがっかりばかりは言っていられないので、早速数年前に下見に行った時に余りにも素晴らしい大学で感動し、留学してみたいと思っていた福建省のアモイ大学の資料を取り揃え始めた。

そして留学手続きに必要な健康診断書を取得し、入学手続書類の準備を始めていた頃、再び李先生から「誰かからの推薦状と60歳を過ぎていても元気に教鞭を振るう事が出来ますという誓約書があればどうやら特別に受け入れてくれそうですよ」という連絡が入った。

私にとって見れば朗報ではあったが、一旦は諦めた話なので、すぐには決断できなかった。というのもよく考えてみれば、これまで日本語教師など全く経験の無かった私が、ましてや大学という場で本当にちゃんと職責を全う出来るのかどうかという不安、そして生来寒さが苦手な私が、まだ行ったことも無い河南省はかなり寒い期間が長いのではないかという不安等が重なり、少しためらっていた所、李先生が「成田さんは中国語もある程度出来るし、また社会経験も長いので、中国の学生にいろいろな事を教える事が出来ると思いますよ、ましてや早稲田出身という事だけでも資格十分ですから、学生は大歓迎ですよ。中国で一番有名な日本の大学は東大と早大ですからね……」

更に「現地の気象条件は確かに内陸性気候で冬は寒さ厳しく、夏も暑いですが、通常教員寮はエアコンとスチーム暖房が完備されているし、教室もスチーム暖房があるので、全然問題ないはずです。また住居費、光熱費、食費等は全て自己負担ゼロで給料も少しではあるけど出るわけですから、自費留学より条件は断然いいと思いますよ。空いた時間に中国語の授業も受けさせてもらえますしね」という先生からの親切なお言葉と、更には推薦状まで書いてもらえるという事で、有難く行く決心を固めた次第である。

やがて大学より2種類の英文の契約書が送られてきた。

大学の名称は中国河南省鄭州郊外にある鄭州大学SIAS国際学院で、国立の中国鄭州大学と米国カンサス州にあるフォートヘーズ州立大学との教育支援によって1998年に創設された中国最初の米国系私立総合大学である。

外国人教師は一年単位の契約で二年目以降は毎年契約を更新して行く事になる。

初年度の給与は月給3500元（当時のレート13円／元＝約45000円）で、日本からの往復交通費は勿論のこと、住居費、食費、光熱費等は全て大学持ちで、その他就労に当たってのかなり細かい内容が盛り込まれた契約書ではあったが、一通り目を通した限りでは特に問題は無かったので、その契約書にカウンターサインをして送り返した。

やがて数週間後に就労ビザ取得に必要な幾つかの書類が送られて来たので、それらの書類と健康診断書（中国の書式名は〝外国人体格検査記録票〟）等を併せて六本木の中国大使館に持って行き、就労ビザ申請を行った。

大使館に朝一番で行ったにも拘わらず、既に非常に多くの人達が開館前から外に行列を作って並んでいた。

日本人が中国に観光目的で行く場合、2週間までならビザは必要ないはずなのに何でこんなに人が多いのだろうかと不思議ではあったが、やがてその謎が解けてきた。

これらの人達のほとんど多くが日本在住の台湾人だったのである。

建前は台湾も一つの中国の一部であるはずだが、実際は違う国、違う国民として扱われ、観光でも就労でもしっかりとビザに相当する入国許可証を取得する必要があるようである。

一週間後、無事就労ビザが下りて、いよいよ中国の地へ赴き、一年間日本語教師として未知の世界にチャレンジすることとなったのである。

2. やっとの思いで中国鄭州着任

就労ビザがやっと下りたのは新学期の始まる9月（実際の仕事は8月末から）直前の8月20日過ぎであったので余裕は全くなかった。

すぐ飛行機の手配を行うべく旅行社にフライトスケジュールを調べてもらったところ、日本から鄭州まで行く場合、直行便は無く、一般的には北京もしくは上海経由で飛行機を乗り継がなければならない。しかも効率よい乗り継ぎ便がなかなか無く、例えば上海の場合はまず成田から上海浦東空港に行って一旦、上海市内を通り抜け、上海紅橋空港まで移動して鄭州便に乗り替える（浦東↓鄭州便もあるが、接続が物凄く悪い）という非常に面倒くさいルートとなる。

また北京経由の場合も鄭州に着くのが夜かなり遅くなるという事で、当日空港まで迎えに来てくれる予定の大学の受け入れ窓口をやってくれている陳先生に迷惑が掛かってしまう事になる。

どういうルートを取ろうかと迷っていたところ、ＪＴＢの人が「調べたら大連経由でいいのがありますよ！」と言ってくれた。「何だ早く言ってよ」という感じでフライト時間を確かめたら、なるほど、大連空港でほとんど待ち時間のロス無く行く事ができて、鄭州着も夕方の時間帯なので、これがいいと思いこの便に決めた。

そう言えば日本から中国へ行く場合、時間的に大連が一番早いはずで、大連↓鄭州便があるのであれば文句無しにこの便が一番良いはずであるとこの時は思った。

ところがこれが後になって大失敗になろうとは、この時は予想だにしなかったのである。


当日成田から大連行きの中国国際航空が大連から成田への到着が大幅に遅れた影響もあって、何と1時間遅れで出発した。でもまだ多少は時間の余裕があるし、大連からの乗り継ぎも同じ航空会社(中国国際航空)なので大丈夫だろうとタカを括っていた。

ところが出発が遅れた上に更に所要飛行時間も遅れていて、少し心配になり始め、念のためCA(キャビンアテンダント)に聞いて見たところ、「同じ航空会社であってもこの場合、荷物はスルーでの処理ではなく、一旦荷物をピックアップして入国検査を受けてから新たに国内線のカウンターに移動してチェックインしなければならないのですよ」と聞かされた。


チケット購入時にJTBが言っていた事とえらい違うではないかと思いながらも、仕方なく飛行機到着後、荷物が出てくるのを待って、大急ぎで入国検査を受け、国内線のカウンターまで猛然と息を切らせながら走って行ったが、「申し訳ありませんがもう締め切りました。出発時間30分前までにチェックインしないと自動的にコンピュータが閉じるのです」と事務的に冷たく言われた。

「ええ? 本当なの? まだ30分をほんの少し割り込んだだけじゃない! 日本からの便が遅れた

訳だから何とか出来ませんかねえ、どうしてもこの便に乗らないとダメなんですよ、迎えに来てくれる人がいるので……」と何度か懇願してみたが無駄であった。

そして「次の便はもう今日はありません。明日の同じ便となります」と聞かされ時には一瞬ガーンと頭を強く殴られた様な感じで、そのあとガクンと力が抜けてしまった。

でもとにかく明日の便をブッキングしなければと思い直し、すぐ空港サービスカウンターで手続きをしてもらい、追加料金なしで何とかブッキングが完了した。そしてすぐホテル探しに取り掛かった。大連は以前に二度訪れた事があり、大体の勝手は分かっていたので、空港で安ホテルを探して予約し、すぐにそのホテルに向かうことにした。というのも現地で空港まで向かえに来てくれる予定の陳さんに急いで連絡しなければならなかったからである。

携帯電話を持っていないので（着任したら現地の携帯を購入する予定だった為）、ホテルに着いたらすぐ陳さんの携帯に電話し、事情を話して平謝りしながら、申し訳ないけど、また明日の同じ時間に迎えをお願いする事にした。

こういう場合、通常日本の空港であれば何とか融通を利かせてもらい、乗り継ぐ事はできたかも分からないが、ここはそれが全く通用しない中国なのだと諦めるより仕方がなかった。

しかも前の便の遅れで乗り継ぎが出来なかった訳だから、航空会社でホテル位用意してくれてもいいと思うが、フライト自体が飛行不能でキャンセルになる場合は別として、多少の遅れ位なら不可抗力として取り扱われ、何の補償も無しである。

もっとも日本から大連経由で鄭州に行く人が他にいればまた話は違っていたかも知れないが、実際他には全く誰もいなかったわけだから、一人だけのマンパワーではどうしようもなかった。

大連のホテルは街の中心から少し離れた一画にある中級ホテルではあったが、外見より中はきれいで比較的広い部屋であった。ホテル代は保証料（預かり金でチェックアウト時返還）を含め300元で割にリーズナブルなホテルである。

翌朝、市内地図を買い込み、その地図と5～6年前の記憶を頼りに市内に散歩に出た。

街並みは当時とほとんど変わっていない。大連中央駅まで歩き、その前の勝利広場の一画にあるカフェでコーヒーをすすりながら一休み。平日なのに相変わらずこの辺りは人が多い。

暫くしてまた歩き出したが、8月も終わりなのに、かなり日差しが強く暑い。

この時期に来たのは初めてなので、今頃の時期の大連はこんなに暑いのかと少し驚いたが、日陰を探しながら歩き、やがて前にも来たことのある広い労働公園に差し掛かった。公園の中を歩いていると大勢の中高年男女がダンスに興じているのを眺めながら公園を散策していると木々の間から時折涼しい風が頬に触れ、とても心地が良い。

しかしあまりゆっくりはしていられない。午後一番で空港に向かわなければならないからで、また乗り遅れでもしたらそれこそ大変である。

一旦ホテルに戻りチェックアウトして（中国のホテルは大体昼12時までOKである）、大連周水子国際空港に向かった。

そして夕方頃、無事鄭州国際空港に到着することができた。何と成田空港を出てから鄭州に着くまで結果的には延べ30時間以上は掛かったわけである。

鄭州国際空港には陳さんと一人の日本人女性教師が出迎えに来てくれていた。

この大学に日本人教師がいるとは一言も聞かされていなかったので、少し意外ではあったが、話を聞いている内、もう4年も前からこの大学の教師としてここに居る事が分かった。そして自分は日本語教育の講座を受けて来たし、資格免許もちゃんと持っていて経験豊富であるというような意味の事を、聞きもしないのに盛んに喋っていたが、その時は別にさして気にも留めずに聞いていた。

陳さんとは彼女が日本に留学していた頃出会って以来久し振りの再会だったが、元気そうで、その時より少しと言うか大分大人になったような感じがして頼もしくさえ見えた。

空港から車で30分余り暗闇の中を走り、やっとの思いで、新鄭という町の大学構内に到着する事ができた。

ここがこれから一年間お世話になる予定の鄭州大学SIAS（シアス）国際学院（中国語名は郑州大学西亚斯国际学院）であった。

3．いよいよ教師生活のスタート

鄭州大学ＳＩＡＳ国際学院（英語名SIAS International University）は中国初の米系私立総合大学としてこの河南省新鄭市に１９９８年に創立された大学で現在は全部で10学部以上、学生数は約2万5千人を越える中国ではマンモス大学と言ってもいい程の規模の大きい大学であり、しかも日本の大学と違って一つのキャンパスでこれだけの学生数を抱えられる程の広大な敷地と立派な施設があるのには驚きである。

創立当初よりビジネス教育志向が強かった為、中では商学部の金融学科が最も有名で、レベルが高く、結構優秀な人材が集まって来ているようだ。そして最近ではやはり就職率の良い電子情報工学部が特に男子学生の間で人気が高いようで学生数も増えている。

他には法学部、外国語学部、建築学部、国際教育学部、音楽学部、芸術学部、体育学部、看護学部等があり、私が教える日本語教育は外国語学部の中の日本語学科に所属する。

外国語学部では米系大学という事で勿論英語学科が一番有名で、この中にビジネス英語、英会話、翻訳、英語教育等細かく分かれていて学生数も多く、教師の数もかなり多い。

風格あるシアス大学正門

中左：キャンパス欧州街は夜も賑わっている
中右：外国語学部 13 号館授業入れ替え風景
下左：ホームカミングデイ仮装行列
下右：新入生へのサークル入部案内

上左：卒業式前のガウン試着
上右：男子学生との卒業記念写真
中左：河南省チアリーディング選手権大会
中右：学生食堂はメニューも豊富で安い

キャンパスロシア館広場

他にはフランス語学科、ドイツ語学科、そしてカリキュラム選択として韓国語がある。

日本語学科はビジネス日本語班と翻訳班の二つの班に分かれていて、それぞれ何クラスかがあり、学年によってもクラス数が違う。


そしていよいよ新学期が始まった。中国の大学の入学時期、新学期は9月からが通常であり、9月初~1月初が前期、2月末~6月末が後期となる。この年はカレンダーの関係で、8月末より授業がスタートした。

私は4年生の日本文学と3年生の日本語会話を担当する事になり、まず第一回目の授業が4年生の日本文学からであった。

教科書に沿ってやればいいとは言え、今まで日本文学の講義など勿論全く経験の無い私が、果たしてまともに出来るだろうかと言う不安でいっぱいであったが、幸い、最初の授業は先生と学生の初顔合わせということで、お互いの自己紹介中心の授業であったのでリラックスでき、学生との距離もぐっと近くなった。

4年生はビジネス日本語3クラスと翻訳1クラスの計4クラスであったが、一クラス40~50人程居てとにかく名前を覚えるのが大変であった。

勿論クラス名簿（出席簿）は渡されていたが、その読み方が分かりにくい名前が多い。

名前の読み方は、例えば日本で中国語を習っている場合は自分の名前は中国語読みで自己紹介したり、先生から呼ばれたりするのが通常であるのと同様に、中国人が日本語を習う場合でも名前は日本語読みで呼んだり、呼ばれたりするのが一般的な慣習となっている。

ところが苗字の方は一字で、そんなに難しい字も無く何とか読めても、名前の方が難しい漢字が多いので日本語読みでもなかなか読めない場合がある。


そこで各クラスの班長にお願いして名簿リストに日本語読みのフリガナと中国語読みのピンインを書いてもらう事とした。

日本の名字で言えば鈴木、佐藤、高橋などが多いが、それとは比べ物にならない程、圧倒的に数の多い同じ名字が中国にはいくつかある。そしてここの学生達の名字も例外ではない。

莫大な数の漢字を使いこなしている中国人が、こと名字となると何でこんなにバリエーションが少なく、限られたものしか無いのか本当に不思議ではある。

その代表格は何と言っても圧倒的に多い〝王〟であり、そして〝李〟である。それに続くのが〝張〟と〝陳〟と〝劉〟である。

これらは一クラスに必ず何人も居て、出席をとる場合、続けざまに同じ苗字を連呼しなければならない。

例えば一つのクラスで〝王さん〟とだけ呼べば、確実に少なくとも5、6名は同時に「ハーイ」と返事するはずである。従って中国では必然的に下の名前も入れて、全てフルネームで出席を取ることになる。

因みに王さんは旺の字も含めると中国全体で一億人以上は居るらしい。

そしてまた張さんは日本語で同じ発音の趙という名字を含めると、これまたすごい人数が居り、後ろからチョウさんと呼べばやはり何人もの人が振り向くはずである。

私が名前を早く覚える為の一つの工夫として最初に行ったのは、其々のクラス全員の全体写真を撮り、顔と名前を一致させる事であった。

どこの国であろうが、学校であっても一般社会であっても、人の名前を覚えてあげると言うことはスキンシップをとる上で最も大切な事柄であるからである。


さていよいよ日本文学と日本語会話の授業がスタートした。

日本文学の教科書は最も著名な作家達の有名な作品のダイジェスト版が収められているものであり、私にとっても馴染み深いものが多かったので、さほど抵抗なく授業を進めて行く事が出来たが、学生から見れば、ダイジェスト版だけで日本文学を理解するのは勿論容易な事では無かったはずである。

しかし中には川端康成の「雪国」や夏目漱石の「吾輩は猫である」ほか幾つかの有名文学作品を読んだ事があるという学生も何人か居たので、さほどの違和感はなかった様ではあるが、日本人の今の若者でさえ日本文学などほとんど興味を持たない人が多い中で、中国の学生がどれほど興味を持ち、理解出来るかは未知の領域であった。

実際のところ彼等にとって圧倒的に馴染みが深く人気のあるのは、日本の漫画であり、そしてアニメ（中国語で動漫）であるからである。

ドラえもんは元々人気があったが、今は特に「ワンピース」の人気が非常に高く、男子学生なら誰でも知っているという感じで、よくその話題が出る。また宮崎駿のジブリ・アニメも非常に人気が高い。

一方日本語会話の方は敬語を主体とする日本語独特の言い回しを勉強する授業であり、学生にとって見れば日本語会話を学習する上で最も苦手な分野である事は容易に想像することができた。というのも日本語ほど数多くの敬語が使われる言語は他にはなく、中国語でも一部を除いては、実際本当の意味での敬語らしい敬語は、ほとんど無いに等しいからである。

そこで敬語の基本を教えながら、学生二人一組で前に出させて、実践形式で何回も何回も敬語を交えた会話練習を行わせた。

敬語の中には丁寧語、尊敬語、謙譲語と大きく三つに分類され、どれも難しいが、中でも中国の学生にとって最も苦手なのは謙譲語である。それは中国語には無い使い方だからであり、尊敬語と区別するのがなかなか難しいからである。

もっとも日本の学生や若者にとってもこの謙譲語の使い方を正しく使える人は少ないと思うので、無理もないことであるが、授業を重ねて行く内、学生達は段々に馴れてきて、敬語の使い方も少しずつ上手になってきた。

例えば、キャンパスで学生達とたまたま会った時でも、以前は「先生、今どこ行くの？」だったが、「先生、今からどちらへ行かれますか？」に、「先生、その荷物持つよ」が「先生、その荷物をお持ちしましょうか」とか「今度先生の部屋に行っていい？」が「今度先生のお部屋にお伺いしてもよろしいですか？」に変わって行った。素晴らしい進歩である。

通常一般的な中国語での尊敬語の使い方は例えば〝あなた〟という意味の你（ni）を您（nin）「あなたさま」に置き換えること位で、言葉自体の尊敬語はほとんど少ない。

それに引き換え日本語というのは何とバリエーションの豊富な言語なのだろうかとつくづく思う。だから欧米や他の諸国のように言葉を補う為の極端なアクセントやゼスチャーなどのオーバーアクションは日本人にはほとんど必要なかったのかも知れない。

日本人が伝統的に持ち合わせている礼儀正しさとか真面目さがそのような敬語を含めた多様な言葉のバリエーションを生み出して行ったのではないかとも思う。

ところでこの鄭州大学ＳＩＡＳ国際学院は基本的に優秀な学生が多く、本当に皆真面目で一生懸命勉強する姿や態度には感心させられたし、全寮制ということもあってか、夜間まで通常の授業が組み込まれていたり、授業の無い時は空いている教室で皆が自習している姿を見るにつけ、感心を通り越してある種、気の毒にさえ思えてくるようになった。

というのも一般的な日本の大学生なら授業の傍ら適当にバイトや遊びや旅行などで学生生活をエンジョイするところなのに、彼等は朝から晩まで学習の連続である。

まあ遊ぶ所も限られているし（カラオケやビリヤード位か）、お金の余裕もないということも確かにあるが、やはり激しい競争社会で生き抜いて行く為にはより良い就職先を見付けなくてはならないし、あるいは大学院に進み、さらにスキルアップして行きたいという強い意思が必死さに表れている。

例えば日本語学科の学生で言えば、日本語の上級検定試験に合格して資格を取っておくことが最低必要条件であり、また合わせて英語の資格試験にもかなりの学生がチャレンジしている。

そして4年生は前期の授業が終了すると同時に一斉に就職活動や大学院進学準備に入るため、後期は学校には出て来ない。というより後期のカリキュラム自体が無く、皆全国各地に出向き、就職活動等を積極的に行う。

上海、蘇州、杭州や北京、天津、広州、深セン等まで足を伸ばし、厳しい就職戦線ではあるが、結構名前の知れた日系企業や他の外資系企業への内定を取って、卒業前から実習生として働き出している学生も多い。

中ではやはり上海に就職する学生が圧倒的に多く、それだけ上海は企業の数が他の都市と比べ圧倒しているという事の表れでもあるが、それにしても全国各地の卒業生が今後もこぞって上海にどんどんと就職し、移り住むようになって来ると、将来どれだけ上海の人口が更にまた増えていくのかと思うと末恐ろしくなってくる。

いずれにしてもこの片田舎とも思われるような大学から全国各地に優秀な学生がどんどんと巣立って行くということは素晴らしいことである。

4．寮生活と修理屋さん

教師寮は大きく二つの建屋に分かれており、一つはキャンパス中央にある「ピーターホール」という名前の付いた比較的設備の整っているまあまあ小綺麗な建屋と、もう一つは東門の入り口近くにある古い建屋の寮で、皆がそこをビルディング2と呼んでいる。

残念ながらピーターホールが満室という事で、私はそのビルディング2の寮に入る事となった。最初に部屋に入ってびっくりしたのは、部屋の中が少しカビ臭いのと、応接の椅子とかテーブルに彫刻刀か何かで削ったような落書きの痕がいっぱいあるのが目に付いた事であった。

そして更に見てみると、洗面所もトイレも汚いし、バルコニーの床は砂埃りがいっぱい溜まっている。テレビもほとんど映らないし、電話も通じない。

ええ？　この部屋一体どうなっているんだろう？　以前どんな人が住んでいたのだろうか？　掃除はやっていたのだろうか？　等々首を傾げたくなる事が多く、何やら急に腹立たしくなって来た。

確かに寮費は無料であるとは言え、ここにずうっと住むのは、ちょっと勘弁して欲しいなあと言う思いが最初によぎった。ただ部屋の広さだけは居間兼応接室と洗面所、トイレ、浴室（シャワーのみ）

上　：教員宿舎隣のシアスホテルフロント嬢
中左：教員食堂風景
中右：教員宿舎で学生の訪問を受ける
下　：教員寮談話室で学生達とおしゃべり

と大きな寝室で、一人暮らしするには、やたらと大きかった。

後で分かったのは、このビルの各部屋は以前は海外からの留学生が二人で住む寮として使われていたが、その留学生寮が別の建屋に移った為、教師寮の一部として使われるようになったらしい。そしてこの部屋も、かなりしばらくの間使われていなかった様であり、道理で汚く、カビ臭いはずだと思った。

「まあでも仕方がない。ピーターホールの空き部屋が出るまで我慢してこの部屋を使うしかないかな、現に他の教師（米人他）も15人位ここの寮で何とか生活しているわけだから」と思い直し、翌日から机や冷蔵庫等を配置変えした後、部屋の掃除を徹底的に行うようにした。


毎日のように各所の掃除を行った結果、何とか部屋がきれいになって来た。特にトイレは何回も繰り返し掃除を行って大分きれいになった。

ただバルコニーだけはどうしようもなかった。掃除しても一日ですぐ砂埃がたまってしまう状態なので諦めた。やはり黄砂なのか、雨がほとんど降らないせいもあり、かなり空中に舞っている様である。

そして落書きで彫られてギザギザになっていた応接椅子も掃除のおばちゃん達に手伝ってもらって、他の空いている部屋のもう少しましな物と交換してもらう事が出来た。

かくして少しは快適に？　とは言わないが、何とか普通に生活して行ける基盤が徐々に整ってきたわけである。

テレビは修理のお兄ちゃんに来てもらったが結局ダメであった。その後、このビルと地続きのホテル（シアスホテル）のフロント嬢に「テレビはやはりダメでしたよ」と言うと、「テレビが壊れていても問題ないですよ、パソコンで全部のテレビが見られますから」と言われ、一瞬どういうことなのかな？　と思ったが、テレビソフトをインターネットからダウンロードすれば全部の放送局のＴＶを見る事が可能（但しＬＩＶＥより３分位遅れる）である事が分かり、早速学生に手伝ってもらってダウンロードする事が出来た。

しかも過去のあらゆる放送分のビデオや映画もネットからダウンロードして見られるソフトがあり、何と日本のニュース、テレビドラマまでもが、ほとんど全部見る事ができる。

これを皮切りに中国ではほとんど全ての物が（音楽や映画等も含め）ダウンロードしてＰＣで見たり聞いたりする事が日常的に行われているという事が分かった。

従って日本にあるＴＳＵＴＡＹＡのようなレンタルショップは中国ではほとんど必要ないという事で、ＴＳＵＴＡＹＡほどの会社が何で中国に上陸していないかの理由がここで分かった次第である。

つまり日本でなら放送権や出版権、著作権等々様々な法律で縛られていて、当然法に触れるような事が中国ではノーペナルティーで自由に出来るという事である。

ダウンロードは中国語で下載（シャーザイ）と言うが、これ以降中国では何かにつけ、どこでも、どんな時でもこの文字に触れる機会が圧倒的に多かった。

そんな訳でＴＶもビデオも問題なくＰＣで観ることができ、やっとましな日常生活が出来るようになったと安心していたら、その内またいろいろなトラブルが起きて来た。

特にトイレのトラブルが多く、水洗の水が止まらない、便器の中がよく詰まる、便器の脇から水漏れがする等々、そして風呂場のシャワーも目が詰まっていてお湯がちゃんと出てこないとか、シャワー器具を引っ掛けるフックがよく外れてしまうだのと、それはもう枚挙に暇が無い。

その他でも冷蔵庫の扉がちゃんと閉まらないやら、造り付けの洋服ダンスの開閉扉がよく外れるとか、ある時は窓のカーテンレールがいきなりバサッと下に落ちて来たことがあった。


そしてその都度、隣の大学ホテルのフロント受付譲に頼んで修理を依頼した。

実はこの大学の教師寮、学生寮の各設備の修理を行う為にそれぞれの修理マン達が何人か常駐しており、大学構内全体で何人かは定かではないが、かなりの人数が配備されているのではないかと思う。

いちいち外部に頼まなくても、すぐ対応出来るようになっているのは良いが、余りにも修理の回数が多過ぎる為、いつも相当忙しそうにしている。

修理の予約はこのホテルのフロント嬢が窓口になっていてホテルと我々の寮のあらゆる修理に関してノートに記帳し、修理マンに連絡を取ってくれる役目になっている。

ひょっとして自分の部屋だけが特別多いのかと思ってノートを覗いてみたら、他の外国人教師達の部屋番号とクレーム修理内容がずらずらと書いてある。

それを見て、なんだやっぱり自分の部屋だけじゃなかったんだと言う変な安堵感？　と、それにしてもかなりの数の修理案件が毎日の様にある事の驚きで、もう腹立たしいのを通り越して逆に笑ってしまいたくなる位であった。

フロント嬢も通常のホテル受付業務の他にこんなクレーム連絡業務も毎日の様にやらされるのは本当に大変な仕事だなあと思って同情の言葉を掛けたりすると、「いえ別に、慣れてますから大丈夫ですよ」とあっけらかんと言う。そして「壊れたものは修理さえすれば直りますから心配要らないですよ！」と真顔で逆に慰めてくれる様に言う。

実はこの後、段々分かって来た事は、中国は修理大国の国であり、街へ出てもそこかしこに修理屋さんが店を構えていて、それこそ自動車、バイク、自転車、パソコン、携帯、家電、時計、台所用品等々、ありとあらゆるものの修理をカバーしている。

日本だと何かが壊れた場合、とかく面倒で、金が掛かる修理より高価なもので無ければ、新しいのを買ってしまう方が却って安上がりだと言う感覚があるが、中国では絶対そんな事はしない。修理可能なものはまず修理をする。それは修理費用がとにかく安く、手軽に頼めるからである。

私がある時、学生と鄭州市内に遊びに行った時、生憎雨の日で雨傘とカメラを持って歩いて居たら、カメラがするっと手から抜けて下のコンクリートに落ちてしまい、全く画面が出なくなってしまった。

さあどうしよう、日本のカメラだし、すぐ修理してくれる所があるのかどうか、相当の衝撃があったので、もしかしたらもう直らないかもしれないと考えあぐねていたら、学生が「先生、多分大学構内の修理屋さんで直してもらえるかも分かりませんよ」と言ってくれた。
半信半疑ではあったが、翌朝その構内の修理屋に持って行くと、少し調べてくれて、ある部品を取り替えれば直るでしょうと言ってくれた。そして午後まではやって置きますからまた来て下さいと言う。

やあ凄いなあ、日本だったら、「お客さん、まず部品を取り寄せなければならないので最低一週間は掛かりますよ！」なんて言われるのが常であるが、ここは即日直してくれると言う。そして午後取りに行ったら、カメラは完全に直っていた。

でも修理代はかなり取られるのではと恐る恐る値段を聞いてみたら70元（当時のレートで約900円）でいいと言う。「いやあ良かった、有難う！ 新しいのを買わないで済みましたよ」と礼を言って喜んで持ち帰った。

あとでその学生から「先生、カメラの修理代はいくらでしたか？」と聞かれたので、「いやあ、70元でやってくれたよ」と言うと「先生、少しぼられたかもしれませんよ！ 私達が行けば、もっと安かったかも……」。「ええ本当なの？」。

ことほど左様に修理の人件費（工賃）が安い為、皆新しいものを買わないで、まず修理に出すのが習慣になっている。

この後も電気ポットが急に故障したり、電気スタンドが点かなくなったり、ボストンバッグのファスナーが壊れたりと、いろいろあったが、その都度買った店に行って、すぐ修理してもらう事ができた。

まあ裏を返せば、中国製品は一般的には作りが華奢で壊れやすい物が多いから、修理屋さんが栄えているとも言えるし、中国全土で一体どの位の膨大な数の修理工場や修理店、修理人が存在しているのかと思う時、結果として、これ自体でかなりの数の雇用を生み出しているのではないかと思わざるを得ない。

中国では雇用創出、雇用維持の為に、メンテナンスフリーにはせず、意図的に製品を壊れ易くしているのでは?と思えてくるほど修理人が多く、すぐやってくれるので手間も掛からない。

日本も中国の良い所を少し参考にして、すぐ安直に廃棄したり、買い換えたりしないで、安くて手軽に修理出来るようなシステムを作り上げたらいいと思うのだが……。

5. 米国人教師と日本人教師

この大学の中国人教師以外の外国人教師(中国人は皆〝外教〟と呼んでいる)は年々増えてきている様で、アメリカ人(以下米人と呼ぶ)を主体に百数十人の外教が居り、彼らは各学部、学科で夫々の科目を教えている。

内訳は米人が百人位で圧倒的に多く、あとはフィリピン人、香港人、日本人、そして一部のヨーロッパ人で、それぞれ数人ずつ居る。基本的には皆、ピーターホールかビルディング2のどちらかの教師寮に住んでいる。

米系大学なので勿論米人教師が圧倒的に多いのは当然で、外国語学部英語学科を主体に受持ち、英会話、ビジネス英語、比較文化等を教える教師が最も多いが、中には商学部での金融学や音楽学部での音楽の教師等も居る。

一方フィリピン人は英語を教える教師もいれば、看護学部で看護師を養成する為の教師として働いている人もいる。フィリピンは看護師として各国に派遣されているケースが多く、それなりの実績があるようだ。

我々日本人は私を含め3名で、他の2名は中年女性教師と大学を卒業したばかりの新人女性教師で

上：新鄭の中国料理店でグレグ教授夫妻と
中：Xマスパーティーで賛美歌をコーラスする米人教師達
下：大学祭で若手米人教師のパフォーマンス

上：陳先生の結婚披露宴（学内レストランで）
中：中国人教師仲間とのお食事会
下：黄河遊覧船の中ではしゃぐ愉快な女性教師たち

あるが、私目も初めて教師としてやって来たわけだから、新人教師には違いない。

そしてこれ等外国人教師の仕事や生活面のお世話をしたり、統括管理している部署が国際交流本部、英語で言うとInternational Cooperation & Exchange Departmentで、スタッフは皆、事務本館（中国語で〝行政楼〟）というこの大学で最も立派なそして象徴的な建物の中で仕事をしている。

教師達の労働滞在ビザの更新、健康診断、学内行事、寮生活の管理、パーティー開催、給料の発給、職員旅行、来中時や帰国時の旅費清算等々全てを司っている部署である。


外国人教師はその教える科目や何年生を教えるかで大きく三つのグループに分かれており、私のグループのリーダーはMr. Gregというまだ若いが、この大学ではキャリアの長い、男性米人教師が務め、隔週に一回位の割合で昼休みの時間を割いて教育方法や試験内容等（テーマとして多いのは中間／期末テストの問題の作り方、採点方法、試験監督官等）について、彼が主導してミーティングが行われる。

勿論彼は日本語学科の授業も日本語自体も分からないわけだから、英語学科や他の学科との共通する最も基本の部分やルール等をインストラクトしたり、カンニングした場合や及第点を取れなかった学生に対する対処方法を指示したりするのが仕事である。


一方日本語学科には王主任を筆頭として10名位の中国人教師が居り、基本的には彼が組むカリキュラム、教育内容に従って皆が日本語学科の学生に講義を行い、試験問題の立案、作成も行っている。

しかしながら我々日本人教師は日本語学科の教師である一方、所属はあくまで外教部であり、外教部を統括管理している国際交流本部から雇われている訳だから、基本的には国際交流本部からの指示通り動かなければならないので、時々実務面で食い違いが生じる事があり、中国人教師と米人教師の狭間に立たされて困る時があった。

日本人教師は私のほかに50代の女性教師Aさんと大学新卒の女性教師Bさんの二人で、前の学期までは他の女性教師2名と男性教師1名が在籍していたが、その3名共それぞれ中国の他の大学に転職したようだ。その理由は後述するとして、その50代の女性教師Aさんは、初めは一見親切で優しそうな感じの人に見えたが、時が経つに連れ二重人格とも思えるような言動が目立つようになって来た。

もう4年以上もこの大学に居るベテランだからある程度は仕方ないかも知れないが、急に傲慢な態度になり、威張り散らしたり、信じられないような汚い言葉を浴びせる様子が垣間見れるようになった。

以前、中学か何かの英語教師をやっていたと言う事で英語は堪能で教師経験も長いし、日本語教育の資格も持っていると言う事に対しての自負が強過ぎるのか新米教師の我々に対し露骨に上目線で接して来る。

一方新卒の女性教師B先生の方は初めて社会に出て来たばかりのほやほやの新人だから、先輩に対して逆らうわけには行かず、また同じピーターホールの教師寮に居るという事もあって、彼女の言われるがままに従い、多少英語力の問題もあってか、いつも一緒に引率されるように行動している。

米系大学で外教部に所属している限り英語は必須で、全ての連絡事項、米国人とのコミュニケーションは英語で行われるわけだから、英語が出来ないと当然色々な面でかなり支障を来す事になる。従って多分以前在籍していた教師の多くも彼女の英語通訳・翻訳に頼らざるを得ない場面が多々あって、頭を押さえ付けられていたのではないかという事が想像できる。

私はと言えばその必要性がほとんど無かったので、最初から米人達と積極的に直接コミュニケーションを図り、昼食時の談笑やミーティングはもとより、プライベートでも米人夫妻と一緒に食事に行ったり、若い教師達と構内のゴルフ練習場に行ったり、小旅行にも行ったりしていたので、彼女としてはこれまでの日本人教師とはかなり違うなという思いで見ていただろうし、ある種の嫉妬や疎外感のようなものさえ感じていたのかも分からない。

実は以前居た3名の日本人教師が何故この大学を一度に揃って去って行ったのかについて表面的な理由としては国際交流本部の彼等に対する対応が甚だ悪かったので、仕方なく他の大学を見付けて辞めて行ったとされているが、実際は少なからず彼女A先生の彼等に対する傲慢さが影響を与えたのではという事が容易に想像出来る。

現にこの中のある女性教師Cさんと電話で話しをする機会があったが、その彼女が述懐しているのは、ある時を境に彼女とは一切口をきかなくなったと言う。その理由は二重人格とも思える様に態度が豹変する事があり、次元が全く違う人間である事が分かったからであると言う事であった。

そのきっかけとなったのはC先生は学生達に非常に人気があり、とても慕われていた事が、元々同じ学生達を教えていたA先生の癇《かん》に障ったのではないか？という最も人間の感情のプリミティブな面の理由からであったらしい。

実はいろいろな学生達がよく私の寮に遊びに来てくれて、日本語の勉強の事や就職の事、場合によってはプライベートな事も含めて私に相談を持ち掛けてくる学生が多かったが、ある時4年生の学生が日本語の作文の原稿を持って来て、「先生、この日本語の作文を添削して下さい」と言う。「あれ？　作文はA先生の授業ではないの？　A先生に相談すればいいのに」と訊くと「はいそうなんですけど、A先生は厳しすぎて、ちょっと恐い感じなので、なかなか相談し難いんです。お願いします」と言ってきた。

「うーん仕方ないなあ、内緒で教えるからA先生には絶対黙っていてよ」、「はい分かりました！」と言うことで作文の原稿を見出したら、内容が今一つはっきり把握できないので、一つ一つ意味を聞きながら表現したいように文章を直してやると、これが結構感動的なもので胸がジーンと熱くなるような内容であることが分かった。

その内容は高校時代の話で、地元の全寮制の学校で家に帰るのを厳しく制限されていて、帰りたくてもなかなか帰れずに寂しい思いをしていたが、ある時無性にお父さん、お母さんに会いたくなって寮を飛び出し、家まで交通機関が全くない田舎道を何十キロもトボトボと歩き続け、途中足が痛くなって歩けなくなったり、寒さと空腹を我慢しながらやっとの思いで家に辿り着いた瞬間、号泣してしまい、しばらく涙が止まらなかったと言うちょっとしたドラマのワンシーンのような素晴らしい内容のものであった。

A先生は学生達の評判もあまり芳しくなく、学生達も口を揃えて遠慮がちに「良い先生？　なんだけどちょっと厳しすぎて……」と言う。それもそのはずで、教科書を忘れてきた生徒に対し、授業中ずうっと廊下に立たせておいたり、授業中にあまり生徒に手を挙げさせないで、自分から指して答えさせる方法を取り、これに便利なように教室の席順を出席簿順に座らせるという通常、大学では考えられないような教え方をとっていた。

恐らく中学校教師時代の習慣が抜け切れていないのかどうか？　学生達を完全に子供扱いしているとしか言い様のないやり方であり、社会に出て行く一歩手前の大学生達への対応としては非常にプアーであると感じざるを得ない。

また彼女はもう4年以上も中国に居住して、教鞭を振るっている割には中国語は片言しか出来ず、その為か学校の外に出てどこかに買い物に行ったり、小旅行に行ったり、何かをしたりするに付け、その都度必ず学生を呼び出し案内と通訳をさせると言う様に学生達をかなり便利な道具に使っている。

元々中国が好きだったり、中国に興味があって赴任して来たわけではなかったようで、これまでずうっと英語圏を渡り歩いて来た者にとって今更中国語を一生懸命覚えても仕方がないと思っているのかもしれないが、キャンパス内ならともかくキャンパスから一歩外に出れば、上海とか北京とかの大都市圏は別としても、ここ河南省にあるような田舎の町では英語の通用度は極めて低いわけで、少しでも中国語を覚えるしかないのである。

もっとももここに何年も居る米国人教師も中国語をほとんど覚えられないか、覚える気がない人が圧倒的に多いが、まれに空いた時間に留学生のクラスで中国語を一生懸命勉強している奇特な米人教師も何人かいる。中でもNickとBrianの兄弟はとても熱心で、私と話を交わす時は練習代わりにいつも中国語で会話を始め、続けられる所まで行って、どうしてもお互い詰まった時に英語に転じる。

ところで最近中国では英語教育に相当力を入れており、幼稚園、小学校から英語を習い始めるようになって来ている。中国語圏も広いが、グローバルに世界の国々と渡り合っていく為には英語はやはり必要不可欠のものとして特に英語教育を重要視し始めているようだ。だが現状ではまだ一般的には通用度は低く、若い世代のほんの一部を除けば、ほとんどの人は話せないし、街中でも英語の看板を目にする機会は多くない。特に少し田舎へ行くとほとんど見ることはない。これは台湾や香港と比べると歴然に違いが分かる。

従って中国語の分からない米人教師達が休暇中に学生を伴わず単独で旅行しなければならない場合はやはり香港が一番多くなるわけである。

何故かと言えば中国国内？で最も英語の通用度が高いのは香港であるからで、元々長い間英国に統治されていた訳だから当然と言えば当然であり、今でもかなり西洋ナイズされている部分が残っている都市という事も手伝って、余計な神経を使わずに気楽に旅行を楽しむことが出来るからである。

米人にとって看板が漢字しか見当たらないというのは何より不便この上無いことであり、日本人が中華圏を旅行する時、中国語は喋れなくとも書いてある文字である程度は理解でき、判断する事ができる事と比べると米人は敢えて言わないだけで、実際ストレスの掛かり方は相当なものである事が想像できる。

だから米人教師達の中で休暇中に中国国内を一人旅するような殊勝な?人はまず見当たらない。鄭州市内にショッピングに行く時でさえ、ほとんど必ず英語学科の学生を携えて行くからである。

米人教師達は皆おしゃべり好きが多く、教師レストランでの朝食、昼食、夕食時に丸テーブルを囲みながらいつも談笑している。特に女性教師連中が声も大きくかしましい。

周囲などはほとんどお構いなしにしゃべりまくっている。

フィリピン人教師が5～6人いるが、だいたい少し離れた自分達の島で固まって食事をしているケースが多い。

日本人教師は数が少ないので、固まりようがなく、時間もずれることが多い為、それぞれ散らばって食事をするが、米人教師連中は非常にオープンでフレンドリーな姿勢で我々を丸テーブルの輪の中に入れてくれる。

それどころか私が朝食を先にとっている時、そのあと米人教師がどんどん私のテーブルにバイキング形式の朝食をお皿に盛って集まってくる。そして昨日の授業についての事や学生達の事、中国人の生活習慣、大リーグ情報、国際情勢等々ありとあらゆる話題が飛び交って何だか朝から楽しい雰囲気になる。

もしヨーロッパ人種がここに居たら「朝からやかましい！」と言って顔を背けてしまうかもしれないが、米人独特のメンタリティーは多少うるさいが、それでもジョークを言い合いながら周囲を和ませ、リラックスさせる力があるようにつくづく感じる。

実は前述したここを辞めて他の大学に移った日本人教師の中の一人（男性）が英語を苦手としていて、どうしても米人と交わる勇気が出て来なかった為、この無料で食事ができる教師レストランにはほとんど行かず、大学構内にある比較的高い「マイク」という洋食レストランに入り浸っていたという話をよく聞いた事がある。

その教師はかつて前職での米国出張の折、米人と英語がうまく通じず、非常に嫌な思いをしたことがあり、それがトラウマとなって、米人アレルギー、英語アレルギーとなり、それ以降英語では全く話せなくなったという。

そしてその代わりに中国語を勉強しようと心に決め、独学で猛勉強した結果かなりのレベルまでマスターしたという。

従ってそこのお店のウェイトレスと毎回練習替わりに食事をとりながら中国語で話をするのが楽しみとなり、高い高い食事代となっても仕方がなかったのであろう。

話を米人教師に戻すが、米国人は基本的に歌と踊りが大好きな国民であるが、米人教師達も例外なくダンスが好きで、中でもスウィングダンスは老若男女を問わず誰でも簡単に踊れるポピュラーなダンスとして人気が高くほとんどの人が踊る。

このスウィングダンスは元々ワルツなどの社交ダンスに対抗するものとしてニューヨークの黒人街で生まれたものであり、このダンスから派生して今日の様々なダンスが生まれている。スウィングは言わばこれらの基本形となっているもので、とてもリズミカルで米国人に最も敵したダンスと言えるかも知れない。

米人教師の中に数名黒人教師がいて彼等主導で夜間にレッスン教室まで開かれており、大学文化祭、入学式典や何とか祭とこの大学は特に催し物がいろいろと多いが、その都度米人教師達がアトラクションの一つとしてスウィングダンスを踊ることになっており、学生や父兄等観客達の拍手が鳴り止まない程、素晴らしいダンスを披露する。特に黒人教師達の踊りはプロ級である。

また彼等は歌もなかなか上手で、クリスマスパーティでは音楽学部の教授が指揮を取ってクリスマスキャロルを合唱する訳だが、これも本格的である。

実は大学の近くにキリスト教会があり、ほとんどの米人教師が毎週日曜日に欠かさず礼拝に行っているが、そこで賛美歌を皆で歌っているのが、一つの練習になっているようで、きれいに声が揃うのである。

米国人はいつの時にもエンジョイするのがうまい国民である。子供の頃からそういう習慣が身に付いているのであろうが、ストレスを余りためないやり方を心得ているように見える。かと言って仕事は適当におろそかにしているわけではないので、言わば切り替えが上手な国民であるとも言えよう。

もっとも彼等にとってこの大学で仕事をしている限りにおいては元々ストレスはほとんど感じずに生活できるはずで、多少の不便こそあれ、夫婦で、もしくは家族で来ることも出来るし、3食部屋付き旅行付きで、拘束時間も少なく、米人は何かと優遇されており、細かいことは国際交流本部が面倒を見てくれるとなれば、場合によっては米国で働くよりも快適なのではないかと思える位である。

だから何年経っても母国に帰らずに、ここで教鞭を取っている人が何人もいるわけで、米国の今の雇用状況や失業率を考えた場合それも納得できる事柄なのである。

6. 驚きの学生自由恋愛

中国は社会主義の国であるし、また儒教の教育を受けているので、若い男女の恋愛とかセックスはいろいろ厳しく制限されているのではないだろうかというのが外から見た一般的な考え方であるが、意外にも実際はかなり違っているようだ。

というのも、多くの男女のラブラブカップルが広いキャンパスの中を縦横無尽に手をつないだり、肩を組んだりして談笑している光景を昼夜を問わずよく目にする。

つまり大学の広いキャンパスは快適なデート場としても利用されているということになる。

米系なのでやはりその辺もオープンなのかなと思っていたら、学生達が言うには「いえ、別にこの大学だから特別というわけではなく、多少の差こそあれ、中国の大学は大体こんな感じですよ」と教えてもらった。

逆に彼氏や彼女が居ない学生は肩身の狭い立場に追いやられていて、「あいつはまだ一人なんだよ」とからかわれたり、逆に自分から「私はまだ彼氏がいないの」と自虐的に言ったりする。つまり大学生活の間に彼氏、彼女ができるのが当たり前で、そうでない人は少し変に見られるというような風潮がある。

そういう学生を見るとなんだか可哀想になることがあるが、本人は傍から見るほどは気にしていない様（本当は凄く気にしているのかも知れないが？）で、同性と腕を組んで仲良く行動を共にしたりしている。


中国の人は一度親しくなると同性、異性を問わず、ピッタリ肩を寄せ合う習慣があり、特に写真を撮る時などは肩を寄せ合うどころか顔と顔、頬と頬を寄せ合ってポーズを取ることが多い。写真を撮る時にお互い距離を空けると、心と心の距離も空いていると思われるのを嫌う習慣がある。

一方、日本人が何人かで写真を撮ってもらう時、よく照れくさそうにしてお互い少し距離を空けて何もポーズを取らず、笑いもしないで真面目に突っ立っているような光景を目にすることがあるが、それは中国人から見ると非常に奇異に映るらしい。

気持ちを表情に表し、うまく外に表現できるのは中国人の方がずっと得意で、これはアメリカ人とも共通するものがある。

実はこの大学に来てから意外な発見というか、中国人と米人のメンタリティーの共通性、似ている部分をあらためて強く感じる機会が多くあった。

それは例えば、一般的に皆声が大きい、楽天的である、小さいことには拘らない、オープンマインドで友好的、おせっかいなほど人の世話を焼きたがる、寂しがり屋、個人情報を披瀝するのに余り抵抗感はない等々、そしてダンスが好き、バスケットボールが好き、サッカーはほとんど興味なしといった所であるが、勿論中国人でも米人でも中にはシャイで口数の少ない人もいるし、これらに当てはまらない人も多くいるかもしれないが、飽くまで第三者が外から見て気が付く共通部分の一般的な見方である。

ただ言えることは男女の恋愛に関してはかなりフランクで大胆な所がお互い共通しているということであり、米人教師達の若い男女でも本当にいつの間にかカップルになってしまい、どこに行くにも傍目を気にせず、二人でベタベタしながらくっついているカップルが何組もいる。

これと同じように中国人男女学生のカップルも傍目を余り気にせず、昼間からベタベタしている者が結構いるが、これが夜になるともっと凄い状況になってくる。

実はある週末土曜日の明け方、学生と少林寺に日帰り旅行に行こうとして大学の東門の前でバスを待っていた時、大勢の学生のカップルが外からぞろぞろ戻って来て、東門を通り、大学の寮に帰って行く。

一体こんな時間に何事があるんだろう？　外で金曜日の夜から明け方に掛けて何かイベントでも有ったのかと思い、一緒に行く学生に訊いたところ、「先生、知ならなかったんですか？　彼らは皆近所の宿屋から帰るところなんですよ」、「ええ？　本当なの？　という事は一種のラブホテルという事？」、「ええそうですねえ、別に珍しい事ではないですよ」と言われて二度ビックリという感じで言葉が出て来なかった。

中国の学生は恋愛や性に関してこんなにオープンだとは本当に意外であった。

確かに大学の男子寮と女子寮は全く別棟にあり、それぞれ女人禁制、男子禁制なので、外で楽しむしかないのだが、こんなにも多くのカップルがまるで団体カップルのように一度に事を終えて大学に戻ってくる図は想像すらできないような不思議な世界である。

そう言えば大学周辺には古い小さなホテルがやたらに多く、受験生や大学関係者の宿泊所となっているものとばかり思っていたら、それればかりではなく、なる程こういう利用客も対象になっていたのである。

まあしかしよく考えてみれば、現代の若者が結婚するまでしっかり貞操を守って淫らな行為は決してしてはいけないなどと言う古臭い慣習は、今どこの世界を探してもほとんど見当たらないのではないかと思う。

昔、北欧の国々、特にスウェーデンがフリーセックスの国として世界中の若者から珍しがられ、羨ましがられた時代はもうとっくに過ぎ去ってしまっているのかもしれない。

近年、中国では早い段階から子供に性教育の徹底を図るようにしていると言い、むしろそれは日本よりも進んでいるのではないかとも言われている。従って性知識は豊富で、性の精神文化も意外と日本より上なのかもしれない。

特に中国は一人っ子政策を掲げて以来、子供に対する教育は相当高度なものに変わって来ており、今や子供を大学に行かせるのは当たり前で、就職のこと等を考え、無理してでも大学院に行かせる親が増えてきているのが実情であり、将来に備えてたった一人の子供を大事に大事に育て上げようとする意思が強く働いているのである。

従ってこういう環境下で育てられた学生は、中国で物の例えでよく言われる80年代生まれ（80后）、90年代生まれ（90后）というように年代でそれぞれ全く違う人種が出現していると言うが、とりわけこの90后は中国のマスコミでもよく話題にされるが、昔日本でもよく言われた「新人類」という呼び方をしており、従来の中国の若者からは想像できない行動パターンが多いと指摘しているのである。

第２章　黄河文明発祥の地、河南省とは

この大学がある場所は河南省《かなんしょう》という中国のほぼ中央部にある古い歴史が詰まった省で、敷地面積の大きさから言えば33ある行政区画の17番目に過ぎないのに平野部が多いせいか、人口が一億人以上も居り、中国で最も人口の多い省である。

河南省は黄河流域に沿って生まれた中国古代文明発祥の地で、黄河の中・下流に位置し、大部分が黄河の南側にあるため、この地は「河南」と呼ばれるようになった。

1．大学で活気づく新鄭の町

この河南省の省都は鄭州《ていしゅう》であるが、その鄭州市郊外にある県級市（中国では市の中に県があり、その市街化された所を県級市と呼ぶ）の新鄭《しんてい》という所にこの大学がある。

新鄭市は鄭州市内からは約70㎞程外れた田舎町で、ちょうど日本の地方都市のちょっと寂れた町に近い感じではあるが、市内の商店街には何でも一通りのものは最低限揃っているので、さほど不自由さは感じない。

但し河南弁なのか、あるいはここの土地だけの特有の言葉なのか、とにかく方言がきつく、いわゆる北京語と呼ばれる標準語（中国語で「普通話」〝プートンファ〟という）からは程遠い感じの喋り方でとても聞き取り難い。

新鄭は名前から想像すると鄭州の新しい町、つまり鄭州近郊に新しく開発された町と思いがちだが、全くそうではなく、意外なことにかなり古い歴史を有している。

古くは春秋時代（紀元前770年〜403年）の間の都であった所で、この都を治めた中国初の皇帝（黄皇帝）が誕生した由緒ある場所で、今でもこの黄皇帝が祀られた文化保護遺産にもなっている黄帝故里と呼ばれる大きな宮社に中国各地から多くの旅行者が訪れている。

そして毎年旧暦の3月の決まった日時にはここで大きな祭礼があり、地方政府の要人や権威ある学者等各界著名人（所謂VIPの人達）が大勢招かれ、祭事が執り行われる。

この為どこから動員されて来たのか、物凄い数の警察官が出動して、道路封鎖による交通規制も敷かれ、この日ばかりはこの小さな町が大変な賑わいと物々しさに変わる。

そのため、私は学生と一緒にレンタサイクルで行き、何とか見学しようと試みたが残念ながらやはり中には入れなかった。普段なら見学できるこの宮社境内もこの日ばかりは一般の人は立ち入り禁止で、残念ながら年に一度の荘厳な祭礼の儀式は見られなかった。

その代わりに街中の広場で行われる祝賀行事の一つである黄金龍太鼓舞という大きな龍が太鼓の音に呼応して派手に舞を演じる儀式を見ることとなったが、これも結構壮観であった。

この町の周辺にはちょっとした工業団地（食品工場や煙草工場等）もあるが、規模は小さくこれといった産業はほとんど無い。

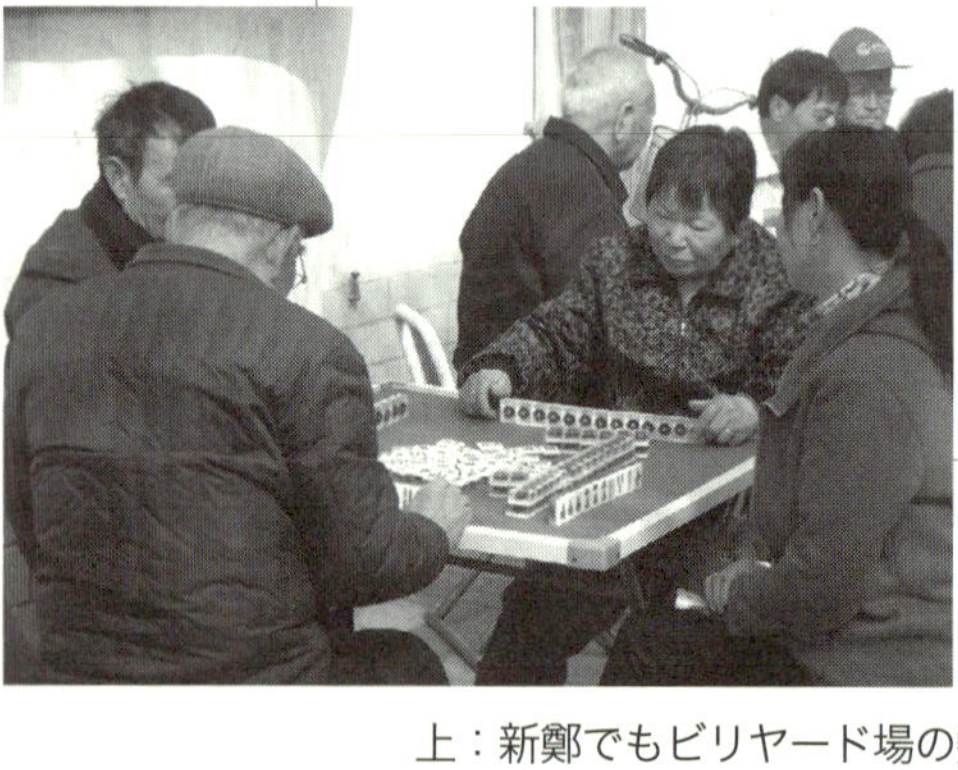

上：新鄭でもビリヤード場の数は多い
中：学生との卓球練習試合
下：屋外麻雀は新鄭でも盛ん

上：夜市のたこ焼き屋台のお姉さんは毎晩元気はつらつ
中：新鄭市内の閑静な鄭風苑で学生達と
下：新鄭ではまだたまに馬車が走る

ただ棗《ナツメ》の産地としては中国でも有名で、軒先に凄い数の棗がゴザに干してある光景をよく見かける。そしてどこのお店でもドライ棗やナツメのお菓子を販売しており、中国全土にも出荷している。

学生が教師寮を訪ねて来る時、よくこのナツメのお菓子を手土産に持って来てくれるのはいいが、次から次とナツメ菓子がたまる一方で困っていたところ、今度は生のフルーツのナツメを持って来てくれた学生がいて、「へえ珍しいなあ、生のナツメは初めてだよ、これはこのまま生で食べられるの？」「先生、おいしいですから食べて下さいね」「有難うね、じゃあ後でいただくよ」と言いながらも、ちょっと半信半疑で本当にうまいのかなと思いつつ、後で試しに食べてみたら、案の定、味がほとんど無く、とにかく生で食するような代物ではなかった。

やはりナツメは料理に使うか、あるいはドライフルーツにして食べるもので、生で食べるのは少々無理があるようだ。

この町の経済は何と言ってもこの大学、及び大学関連諸施設で支えられていると言っても過言ではない。

大学構内にある諸施設だけでも膨大なものがあり、校舎や学生寮、教師寮、図書館、体育館、屋内プール、大噴水場、ゴルフ練習場、自動車練習場、劇場等々の諸施設の増改築工事や定常的にあるメンテナンス工事（結構頻繁にある）、維持管理作業（例えば構内にある植木、草花の手入れや管理だけでも半端な数ではない）などは多くの雇用を生み出しているし、そして学生、教職員、大学関係者数万人分の衣食住等生活を賄う為のお店がスーパー、コンビニ、レストラン、ティーショップ、衣料品・靴店、クリーニング店、郵便局、宅急便、パソコン・携帯ショップ等々大学構内にあるお店の数は半端な数ではない。

また大学キャンパス外の周辺にも数多くの関連施設やお店が軒を連ねている。門のすぐ前にはいつも大きなリヤカーを引いた行商人が張り付いていて、季節の果物やお菓子類を売っていたり、その傍には貸し自転車屋の古い自転車が歩道を埋め尽くしている。このレンタサイクルは学生証もしくは教員証を一時的に預けておけば何と3時間1元で利用できる。

全体的に周辺の店はやはり食べ物関連のお店が多いが、そのほかで特に目立つのが床屋・美容院（中国語の総称は理髪店）の類で、びっくりするほど数が多い。

極端に言うと五軒に一軒位の割で店を構えていると言っても過言ではなく、何でこんなに多いのか不思議ではあったが、どの店もいつもちゃんと客が入っているところを見ると、やはり中国人は一般的に学生でも長髪を嫌うので、短期間の間に何度も理髪店に行くことになるからであり、代金が格段に安いのであまり苦にならないようだ。因みに男性の場合だと散髪と洗髪だけなら1回平均200円～300円位で、とても安価である。

そして夜になると大学周辺の路上で毎晩夜市が開かれる。

どこから集まってくるのか凄い数の屋台の店が裏の路上に軒を連ね、学生や大学関係者の食を補っており、これだけでも相当の経済効果がある。

また意外と目立たない所にビリヤードや卓球場が数多くあるのにも驚く。

中国では日本のように勿論パチンコ屋も無いし、遊興場も少ない為、普段ビリヤードや卓球をやる人が多く、これらの店も数が多い。

ビリヤードの事を中国語で台球《タイチュウ》と言い、卓球の事を乒乓球《ピンポンチュウ》と言うが、最初知らないで台球場と書いてある看板を見て、てっきり卓球場のことだと勘違いし、やはり本場中国のことだけあってやたらと卓球場が多いなあと思っていたら後でビリヤード場だと分かった次第で、いかにビリヤード人口が多いかと言うことになる。

学生と何回か一緒にやったが、やはり中国の人は皆上手で、基本を教わったが、なかなかすぐにはうまくはなれなく難しい。

一方卓球の方の腕前も中国の人は皆上手なのかと思っていたら、それ程でもなく、互角以上に打ち合うことが出来たのは意外であった。

因みに日本人が昔から使っていたピンポンという言葉はこの中国語の乒乓球の発音から来ており、これはラケットで打ち合う球の音を表す擬声語である。

もし仮にこの大学がひとたびどこか別の地方に移転するような事にでもなったら、極端に言えば、一夜にしてこの町の目抜き通りはそれこそシャッター街になってしまい、失業者が溢れ、間違いなくゴーストタウン化してしまうのではないだろうかと思う程、この町の経済は完全に大学に依存しているのである。

2．河南省の省都・鄭州は意外に大都会

河南省はかつて黄河流域に栄えた大きな都が数多く点在し、中国七大古都と呼ばれる古都の中で河南省が洛陽、安陽、開封の実に三大古都を有している。因みに他の四つはと言えば、西安、北京、南京、杭州である。

河南省の省都である鄭州《ていしゅう》も歴史は古く、商王朝の都があった所で3500年程の歴史がある。商業とか商売の商はこの商王朝から由来しているようだ。

現在は中国大陸のほぼ中央部に位置しているという地理的条件から交通の要所になりつつあり、特に新幹線（中国では高鉄という）や高速道路（高速公路）の急速な発達に伴い、東西南北の大動脈の交差点として経済的地位も上昇し始めている。

鄭州市内は普通の大都市と変わらない様な大きなビルが立ち並び、道路も広く、人口も750万人以上と地方都市としては想像していたものより規模がはるかに大きいが、何せバスやバイクを含めた車全体の数が多過ぎて、ラッシュ時の道路は身動きが取れなくなり、排気ガスも物凄い量である。

これを解消する為、以前より地下鉄の大工事が行われているが、これによって道路が塞がれ二重の

渋滞が引き起こされている。最近ようやくこの工事の一部が完成し、一部の路線が開通し出した様だ。

鄭州市内へ行く場合は外国人教師向けにほぼ毎週土曜日、大学構内から無料スクールバスが出ている。朝9時にスタートして一時間位掛けて鄭州市内のある一定の場所に到着し、帰りは同じ場所に午後4時までにバスに戻って来なければならないので、昼食時間を入れるとそれ程時間的に余裕はなく、結構忙しい。

これは通称ショッピングバスと呼ばれており、外教の人達が新鄭には無いちょっとした家電製品、家具、カーペット類や洋服、そして洋風食材等を買い求める為や歴史博物館、人民公園、動物公園等へ行く人も多い為、学校側が便宜を図っている。

この歴史博物館は河南博物院といい、河南省最大の博物館で黄河文明が始まった頃から今日までの河南省全体の歴史、風土、文化、芸術等多岐に亘って展示されており、特に古くは3500年前にここが商王朝の都であったことから、この時代の展示品も多く、一日では見きれない程の中身の濃い素晴らしい博物館である。

従ってこのスクールバスは人気が高い為、事前予約が必要で、学生も一教師につき二人までしか一緒に付き添って乗ることが出来ない。

何故人気があるかと言えば、勿論無料バスという事もあるが、それより何より学校内から座ったまま短時間で直接鄭州市内に行けるという便利さにある。

上：鄭州のシンボルタワー 二・七塔
下：鄭州中央駅は新幹線も発着する

上　：鄭州駅付近の交差点は大混雑
中左：鄭州の学生の実家を訪問する
中右：公園内で扇舞踊を練習する女性
下　：人民公園で開園を待つ子供達

新鄭の鉄道駅は形だけ残ってはいるが、今はもう鈍行列車も止まらない廃業駅となっており、駅としての機能は全く失われている。従い、鄭州に行く場合はバスしか手段が無いのである。

ところがこのバスを利用する場合は北駅という市内からちょっと離れた所にバスターミナルがあり、そこまで市内バスかタクシーで行かなくてはならない。

そして満員のオンボロバスでとことこ揺られながら一時間以上掛けてやっと着いたかと思えば、それは鄭州市内のまだ手前の南駅というバスターミナルで、市内の中心部に行く為には更にここから路線バスに乗り換えるか、タクシーで行かなくてはならない。

隣町なのに延べ2時間近く掛けてやっとの思いで鄭州市内に到着したはいいが、疲れがどっと出て、少しどこかで休憩しないとすぐにはショッピングなどに行く気になれないのである。

私も土曜日以外の日や学生達と朝早く出発して鄭州市内を見物したり学生の実家に招待されて行った時などはこの最悪のルートを何度か利用したことがあるが、とても疲れる。

帰りはもっと大変で、南駅バスターミナルまで行くタクシーがなかなか拾えないし、運良く拾えたとしても道路が渋滞で車がスムースに動いてくれない。

米人教師の場合は普段このルートは例え通訳が居てもまず絶対使わない。スクールバスの時間が合わない場合は彼らは学校前からタクシーをチャーターして何人かで分乗して鄭州市内に行く事になる。

鄭州市内にはデパート、ショッピングモール、専門市場等数多くあり、大抵のものは揃えることが出来る。特に衣料問屋街は規模が大きく、安くて品数が豊富であるが、凄い人混みで、スリも多く環境は決して良いとは言えない。

それよりここで一番驚いたのは、この一角にある古いデパートの中のトイレに入った時の事である。男子トイレに入った途端、大と小の区切りが全く無く、隠し扉も何の囲いも無い中で皆おしり丸出しで用を足している光景を見た瞬間、ビックリして思わず飛び出そうとした事がある。

これは全くの驚きであったが、実はその後、鄭州以外でも何回かこの形式のトイレを経験する事となった。公衆トイレにこの形式が多いがデパートでは珍しい事である。

果たして女子トイレも同じなのかどうかは分からないが、恐らく同じなのであろうと思う。習慣なのか皆平気で用を足しているのは驚きで、これまで私も色々と世界を旅して来たが、アフガンで経験した屋上青空トイレは別としても、この手の光景を目の当たりにしたのはこの時初めてであった。

さて中国七大古都の内で三つの古都が河南省に集中しているわけだが、その一つ一つをここで紹介してみることにする。

3. 洛陽は心を癒す古都

まずは洛陽《らくよう》である。洛陽市は河南省西部に位置し黄河の中流にある都市で鄭州からは新幹線で2時間位の所にある。

非常に歴史深い所で、歴代の帝王が長安（現在の西安）と共に入れ替わり立ち替わりここを都にした由緒ある町である。東周の時期に洛邑《らくゆう》と呼ばれ首都となったことに始まり、後漢、曹魏、西晋、北魏、随、後唐の首都となった。また長安を都とした王朝でも、この洛陽を副都とした王朝が多かった。

また日本との関わりも多く、平安時代の日本において京都のことを洛陽と呼んでいたが、洛中、洛外、上洛等の言葉が生まれたのもこの洛陽から付いたものであった。

洛陽で最も有名なのは、世界遺産に登録されている龍門石窟で、市内を通り抜ける洛河より更に外側にある伊河の畔にそびえ立つ岩山を5世紀末から数十年掛けて人間の手で掘削し続けられ、唐中期までに約3万体の仏像が石窟の中に作られた広大な石窟寺院である。

間近に見る大仏の像も凄まじく大きく迫力があるが、伊河という前を流れる河の対岸から見る石窟群も壮観である。

また洛陽は三国志で有名な蜀の髭武将、関羽が呉の孫権の家来に首をはねられた後、予てより敵ながら素晴らしい武将と評価していた魏の武帝曹操が、ここ洛陽に彼の首を手厚く葬り、神として祀ったとされる関林廟がある。

この中に長いあご髭を蓄えた関羽の立派な像があり、お参りしようとすると、その横に僧侶のような人が椅子に座って何やら話し掛けてくる。

よく聞いてみると、「ここに貴方の名前を記帳しなさい、そうすることによって貴方の精神が浄化され、きっとご利益が増しますよ！」と半紙で綴った台帳みたいなものを出して来て、頻りに名前を書くように勧める。

私は「いやぁ中国人ではないし、特に名前を書くのはいいですよ」と断ると、僧侶は「いやいや書いた方がいいよ、ここに来る人は皆な書いてますよ！」としつこく迫ってくる。

仕方がないので「まあ名前位ならいいかな」と思い記帳し始めた所、「幾らでもいいから金額も横に記入しなさい」と言ってくるので、えぇ？　何それ？　と思って唖然とし、幾ら位が相場なのかと、試しに台帳の前のページを括って見せてもらったら、ほとんど皆何百元とか何千元という単位（日本円で何千円、何万円）の数字が記入してあるのにはびっくりで、まあそれが本物なのか、サクラに記帳させたのかは分からないが、観光客相手の体の良い寄付金集めかと思い、拝観料はちゃんと払ってあるので、「申し訳ありませんが、今お金の持ち合わせが無いので」と丁重に断って出て来た。

上：洛陽歴代皇帝の石像
中：洛陽大通り公園での水筆書道
下：京劇の舞に合わせ楽器演奏練習

上：大通り公園での京劇練習風景
中：王城公園でのジャイアントパンダの昼食
下：三国志、関羽が祀られている関羽廟

後で中国人にこの話をしたら、「まあよくある話ですよ、中国人はあまり引っ掛からないと思いますけど、大体外国人相手ですかね」との事であった。

こう言った有名な遺跡やら寺院等は一度は足を踏み入れるのもいいが、やはりどこも人が集まれば集まるほど、どんどん商業主義に走る傾向が強く、あまり感心しない。それより街中に入ってその土地の雰囲気や人々の行き交う様を肌で感じたりする方が余程楽しめる場合が多い。

洛陽の街の中心にある在来線の洛陽駅（新幹線の駅とは別）前を少し行くと縦にずうっと長く伸びている大通り公園がある。日本の札幌大通り公園にも少し似ているが、この大通り公園の方が地下に大きな歴史博物館がある程規模ははるかに大きい。

その日は休日でもあったので、多くの市民が出ていて、其々皆てんでんに色々な事をして楽しんでいる。

ある人は書道の練習の為か、大きな水筆で公園のコンクリートの床に盛んに漢詩などの文字を書いている。この水筆は筆の柄の中が管になっていて、そこにペットボトルの水を流し込んで、水が無くなるまで書けるようになっており、昔の万年筆の原理と同じである。見るとさすが漢字の国だけあり、もの凄く達筆である。

少し目を転じると京劇か何かのクラシカルな踊りと楽器演奏の練習をやっている人達がいる。

楽器演奏の方は真鍮の鍋の底を潰したような物にドラムのスティックのような棒でリズムを取りながら叩いたり、シンバルのように鍋底同士を合わせて叩いたりしている。この音楽に合わせておじさんが何か講釈しながら踊っている光景はなかなか面白く、飽きずにずっと眺めていることができる。

また少し歩くと今度は将棋や麻雀をやっている人達が居て、つい見入ってしまう。

日本では室内ゲームとされている将棋や麻雀、トランプ等は中国では店先や公園、変わった所では高架橋の下など屋外でやっているのをよく見かける。

これ以降中国のどこへ行っても、平日でも昼間から屋外で堂々とゲームをやっている光景をしばしば目にする事となる。


一方、市内中央部に西周時代にこの地に王城があったことから名前が付けられた王城公園という、広大な敷地の周囲を池に囲まれた古都を象徴するような公園がある。

この王城公園は牡丹の公園としても有名で、約８５０品種、10万株以上の牡丹園があり四月頃開かれる牡丹祭の時期には各種のボタンが咲き乱れ、素晴らしい景観であるらしいが、残念ながら行った時期が十一月だったのでボタンの花を見ることが出来なかった。

もっとも牡丹祭の時期はそれこそ人、人、人で大変な賑わいで、ゆっくりボタン観賞が出来ないという人もいるが、その時に実際行って見ないと何とも言えない。

この公園の中に遊園地と動物園も併設されており、家族連れの憩いの場として楽しまれているようだ。

近づいて行くと熊猫《パンダ》という字が目に止まったので、ちょっと見てみたいなあという好奇心に駆られ動物園に入って見ることにした。

金額は大したことはないが、王城公園の入園料とは別に入口で動物園の入園料も払った後、猿やライオンを横目で見ながら、パンダ館を目指して歩いて行くと意外に目立たない所にパンダ館があった。実はお恥ずかしながら、これまで実物のパンダは上野動物園でさえ見た事が無く、相当以前に北京動物園でパンダを見に行く予定だったのが、急遽他の場所に変更になったという事があった為、パンダを見るのは今回が初めてであった。


パンダ館は相当人が並んでいるのかと思ったら、意外と簡単に入る事が出来た。実はパンダ館だけは入るのに有料なため、更にまたこの日3回目の入場料を払ってパンダ見物を行った訳だが、中国人にとってパンダはさほど珍しくないのか、それとも有料だからあまり来ないのか分からないが、とにかく空いていた。恐らくその両方の理由からなのかもしれない。

中国人は日本人と比較してもことさらお金に厳しく、その場でその価値と代金を天秤に掛けながらつぶさに判断する力があると言おうか、そう言う習慣が子供の頃から身についている。日本人の方がどちらかと言えばその点、鷹揚で財布の紐がゆるいようだ。

中国人が日本に旅行に来て、ブランド品や秋葉原などで家電製品を大量に買って帰るのは単にお金持ちだからその金に任せて雰囲気買いするというのではなく、ちゃんと事前に調べて、価値判断して、購入計画してから買うのであって、それも近所の人達や親戚、知人に頼まれた分も含めて買うわけで、ほとんどの場合、買った分のお金はその人達からちゃんと回収しているのである。

話は横に逸れてしまったが、お蔭で初めて見る実物のジャイアントパンダの生態をゆっくりと観察する事が出来た。

場内には笹がいっぱい生い茂っており、それをゆっくりと時間を掛けて愛嬌たっぷりに食べ、今度は水飲み場でこれまたゆっくりと水を飲み、また笹を食べる。笹は丁寧に手で硬い部分をむしり取って柔らかい部分だけを取り出して食べている。

仕草はやはり可愛いが、手の細かな動きからして知能程度はかなり高いように見える。

王城公園はまた湖畔の柳が昔の古い洛陽を偲ばせてくれるように際立って美しい。大きく育った柳が風でゆっくりと揺れている様は何とも言えず風情がある。

洛陽は古い歴史を持った古都である割には現在それほど名所・旧跡が余り残されていないのが不思議であったが、どうやらこれまでの数々の戦乱によってほとんどが消失してしまったらしい。

その代わりに町全体が伝統に育まれた落ち着きと言おうか、独特の味が詰まった興味深い町であると感じた。次は出来れば春の時期にもう一度来てみたい気もする。

4. 宋の都は開封

開封《かいほう》は2700年の歴史を持つ古都で、その中でも特に宋の時代の都として最も繁栄した町であり、以前は河南省の省都でもあった。

大学のある新鄭からバスで東の方向に約一時間半走ると開封のバスターミナルに着く。町の規模は洛陽と比べたら全然小さいが、町並みは保存されているのか、相当古い建物が立ち並び、古都に相応しい独特の雰囲気を醸し出している。

ただ観光地という事でやはり人が多く、沢山のおみやげ屋が軒を連ねている。

ここの最大の見所はやはり何と言っても龍亭公園と清明上河園であろう。

私は十月半ばの週末に当地を訪れた訳だが、それは素晴らしく晴れた秋の日で、空は何処までも青く、陽に照らされた龍亭湖の水面がきらきらと美しい光を放ち、龍亭公園内にある赤い橋と赤い壁の宮殿が素晴らしく映えて見えた。

龍亭公園は北宋時代の宮殿がそのまま残されており、72段の石段を登った所に大殿があり、中央には龍の彫刻が為され、屋根は全て黄金色の瑠璃瓦で覆われている。

上左：王宮石段最上階から湖を臨む
上右：清明上河図は北宋時代の開封の様子を描いた絵巻
中　：北宋時代の王宮セレモニーを再現
下左：開封の刀削麺がやはり一番おいしい
下右：菊花祭りで賑わう開封龍亭公園

ちょうど菊花の時期で菊祭りが行われており、園内には様々な色の美しい菊の花が咲き乱れ、そしてこのお祭りの期間だけかどうか、北宋時代を忍ばせる様に宮廷衣装を身につけ、王様やお妃に扮した人達のショーが行われていた。

一方龍亭湖を挟んで反対側に位置するのが清明上河園である。

ここは宋代の有名な画家、張択端が描いて残した絵巻物「清明上河図」を忠実に再現したもので、1992年から建造し始め1998年に完成し開園する運びとなった大庭園で、北宋時代の古都開封の当時の風物、建築構造、珍しい社会生活の様相などを反映してある。

面白いのは約一千年前に張択端がこの現実の風景を絵巻物に運び入れたが、今度はその一千年後に開封人がこの絵巻物を現実のものにしたという点で、ここを散策しながら、一日にして一千年前の時代に逆戻りする感じを味わう事が出来るということである。

さて開封で伝統的に有名な食べ物の一つに刀削麺《とうしょうめん》がある。

開封に来たら刀削麺を是非食べたいと思っていたので、どこか美味しそうな店はないかと探しているうち一軒の刀削麺専門店を見つけて入ることにした。

刀削麺は小麦粉を水で練った生地の塊を手に持ちながら、くの字型に曲がった包丁で直接鍋の中に削り落として茹でるという料理法で、曲がった包丁で削るため麺に薄い所と厚い所ができ、それが却って独特の食感を生み出し、普通の麺とはまた違う歯ざわりを感じることができる。

スープは大辛、小辛、無辛の三つから選べるので私は小辛を選んだが、これが程良い辛さで味がとても良く、また具も野菜と肉がバランス良く入っていてとても美味しかった。

私はこれ以降刀削麺が好きになり、その後いろいろな所で何回か食べる機会があったが、ここほど美味しい店はまだなかなか見つかっていない。刀削麺を食べるのならやはり開封である。

5. 安陽は最古の漢字発祥の地

安陽《あんよう》市は河南省最北部に位置する町で、鄭州から新幹線で約1時間半位北に行った所にある、言わば地方小都市ではあるが、約３３００年前の商代後期の都で、中国古代王朝、殷の時代の遺跡「殷墟《いんきょ》」があり、20世紀にこの遺跡が発見され、２００６年に世界文化遺産に登録されて以来、一躍有名になった。

日本がまだ縄文時代の頃に、ここ殷墟では何と文字が刻まれてある大量の甲骨片（甲骨文字）、青銅器、玉器などが使用されていたという事が出土で証明された。

甲骨文字に使われた甲骨片とは主として亀の甲羅であるが、牛や獣の肩骨や腹骨も使われていた。これは中国最古の漢字で、当初は占いの為にこの文字が使われ初めていたが、段々実用的に使われるようになって来たようだ。

私の教えていた4年生の学生の一人、王君が安陽の出身ということで、彼の案内で２０１２年4月に同じクラスの学生達と一緒に計5人で安陽に行った。

この日は4月なのに生憎、雪でも振りそうな凄く寒い日で、安陽駅に降り立つと、その寒さが身に

上　：安陽で中国最古の漢字、甲骨文字が発見された殷墟博物館
中左：甲骨文字から全ての漢字が出来上がった
中右：殷文化の地理的分布を院内ガイドが説明
下右：中国文字博物館は漢字だけではなく他の言語の歴史も展示

応えた。

我々はすぐ殷墟博物院に向かった。王君のお父さんの計らいで、この博物院のガイドを付けてもらったのはいいのだが、全部中国語での早口の説明で、少ししか理解できず、学生に所々通訳してもらいながら出土展示品を見て回った。

その時、背後から誰かが日本語で話しているような声が聞こえたので、近づいて見ると、ここ河南省では珍しく日本人のツアーで現地ガイドが日本語で盛んに説明をしていた。

河南省に来て以来これまで日本人旅行者には全く会わなかったので、少し懐かしさも手伝い、日本語ガイドの説明を聞いている内段々分かるようになって来た。


当時広く使われていたいろいろな種類の青銅器の多さ、大きさにも驚いたが、何と言っても10数万点も出土されたという亀甲に刻まれてある甲骨文字の字数の多さには驚きであった。


見終わって外に出て見ると、寒さが一層増して来ておりブルブル震えながらタクシーを待ち、街中に出て火鍋料理を探した。そして一軒の火鍋料理店が見つかり入ることにした。

余りきれいな店ではなかったが、とにかく一刻も早く寒さと空腹を解消しなければならなかったので、温かい火鍋料理を皆で突っついて、もう本当に嫌と言う程思い切り食べたらやっと体が温まって来た。

外に出てまた冷たい外気に当たりながら少し街中をぶらぶらしていると、日本で言うスーパー銭湯のような共同浴湯所を見つけたので、「いやあ風呂に入って温まりたいなあ」と言うと「先生、じゃあ入りましょう！」と言うことで男性達だけ3人で入ることにした。

受付で入湯料とタオル代を払い、脱衣所は何処かな？　と見回していると係りの人がこっちだと案内してくれる。着いた所が何と普通の脱衣所ではなく大広間みたいな所にそれぞれ背の低い仕切りで囲った狭いロッカー付き休憩所があり、ここで全部脱いでお風呂に入り、風呂から上がったらまたここで休憩しながら飲んだり食べたりするようになっている言わば脱衣所兼休憩所である。

お風呂とサウナは日本とあまり変わらないが、湯殿の一段上にアカスリ用のベッドが沢山並んでおり、日本でも昔の銭湯には必ず居た、昔懐かしい三助のような頑強の男達が何人か居てパンパーンといい音を立てながらアカスリ兼小マッサージをやっている。

「いやあ気持ち良さそうだなあ」と眺めていると「お客さんもどうですか？」とその内の一人が声をかけて来たので、「いくら？」と訊くと200円だと言う。

えらい安いけど大丈夫かなあと思いつつ、やってもらうことにした。

これがまた手際の良いことこの上なしという感じで後ろと前を入念にやってもらい30分程で終えた。これまでずっとシャワーだけの生活だったので、お陰で久し振りのお風呂とアカスリでゆったりした気分になれた。

中国の一般家庭ではどこもお風呂はシャワーのみで、浸かるお風呂はほとんど無く、中国人に聞いてみても浸かるお風呂は特に必要ないし、一人風呂ならまだしも家庭でも銭湯でも溜まっているお風呂に家族や他人と一緒に入るのは不潔だと言う。

そして日本人は何処の国の人よりも清潔好きなはずなのに、何で浸かるお風呂が好きなのかよく理解できないとまで言う意見も何人かの中国人から聞いた事があった。

まあ言われてみればそうかなとも思えるが、これぱかりはお互いの長い間の生活習慣の違いなので何とも言えない。

日本人はやはりゆっくりと温まれる湯船のあるお風呂が大好きなのである。

翌朝天気は快晴となり前日とは打って変わって暖かく穏やかな日を迎えた。我々は中国文字博物館を訪ねた。この博物館は2009年11月に出来たばかりの市内の中心にある超近代的な大きい建物で、国家級の博物館として甲骨文字だけではなく、世界の色々な文字の歴史、変遷、其々の繋がりを展示、解説した素晴らしい博物館である。

昨日天気も悪かったせいもあるかも知れないが、発掘場所にそのまま建てられた殷墟博物院の何か少し暗く狭い感じの雰囲気とは全く逆の明るく広々とした感じで心地が良い。

ただ4000点以上もの文物の展示が為されており、とても全部見切れるものでは無かったので、要所要所を見るに留めたが、それでもかなりの時間を要した。

ここ安陽は中国文字発祥の町として、これからも広く世界に伝えられて行く事になるであろうし、今まであまり来なかった日本のツアーも年々増えてくるのではないかと思う。

6. カンフーのふるさと少林寺

かの有名な少林寺も河南省にある。正式名は崇山少林寺と言い、少林寺の総本山であり、禅宗の仏教寺院である。日本で馴染みの深い禅宗の開祖、達摩《ダルマ》大師が禅宗を広める為インドから当地に渡って来て、この少林寺を開いたとされている。

このお寺の中国武術「少林拳」、日本で言う「少林寺拳法」は余りにも有名で、この創始者も達磨大師とされている。

少林寺へは新鄭からバスで洛陽方面に2時間位掛けて登封という町まで行き、そこから少林寺行のミニバスで15分程行った所にあり、中国五岳（五大名山）の一つとなる中岳崇山《すうざん》の麓に位置する。

入口には大きなチケット売り場があり、ここでチケットを購入して中に入る訳だが料金は2千円と驚く程高い。と言うのも一般に中国の観光地の入館料、拝観料の類は物価と比較してかなり高いと感じるが、ましてやここ少林寺ほど有名になると、全国各地から団体観光バスが大挙して押し寄せる一大観光スポットになっていることで非常に高くなる。

上　：少林寺の天下門を潜ると境内に入る
中左：若い僧侶は見張り番も兼ねている
中右：練習に励む少林寺学校の生徒
下　：少林拳法の形を表す像が飾ってある

入口を入り、大きな石造りの門をくぐって少し行くと右側に少林寺付属の少林拳学校があり、少年達が盛んに少林拳の練習をしている。その練習風景は実践さながらで迫力満点である。

その先には少林拳の実演を行う武道館を小さくしたような武術館があり、時間を区切って観光客にショーを見せている。

このチケット代に多分含まれているのかどうか、この実演ショーは無料で見ることが出来、わずかな時間ではあったが、何人かが交代で行う少林拳の実演ショーはなかなか迫力があり、見応えのあるものであった。

外に出て参道を進むとその両側に鬱蒼とした木々が生い茂り十一月初旬ではあるが紅葉している木もいくつかある。参道は奥までずっと続いており、敷地はかなり広いようだ。しばらく行くと右側に少林寺本院につながる朱塗りの建物が見えて来た。その建物入口の真上に大きく黄金色で「少林寺」と記されてある。

奥に入って行くといくつかの寺院建屋と樹齢何百年という大きな銀杏の木が2本立っている。

そして更に進んだ所に本院があり、薄暗い中に馴染みの深い達磨大師の像が中央に堂々と立ちはだかっている。

達磨という名前は中国語表記の名前で、インドではダーマと呼ばれ、サンスクリット語の「法」を表す言葉であるようだ。5世紀後半から6世紀に掛けて活躍した人で、南インド王朝の国王の第三王子として生を受けた後、6世紀初め頃にインドから中国南方へ渡海し、ここ崇山少林寺に辿り着いたと言う事らしいが定かではない。

達磨は数々の伝説の持ち主で元々インドで禅と拳法を習得したものを少林寺に伝え、ここで9年間連続で壁に向かって座禅を組んだ為に足が腐ってしまい、足を切断したがそれでもまだなお転んだら起き、また転んだら起きて（七転び八起き）座禅を続けたと言われている。それが今日まで伝えられているかの有名な「ダルマさん」の人形の由来になっているようだ。そしてこれらの伝説の原形となっているものに彼の言行を記録した語録とされる〝二入四行論《ににゅうしぎょうろん》〟がある。

これは自己修養の入り方、行い方に関する禅の教本である。

少林寺をここまで有名にしたのは何と言っても少林拳であり、それを象徴するように、あちらこちらに少林拳のいろいろな型が壁画に刻まれていたり、像も飾られていたりする。

また黄色い衣装を身に纏った多くの僧侶が少林寺のお土産品を販売するのに必死になって働いている。まあこれも彼らの仕事の大きな部分なのかもしれない。

年間どの位の観光客が来るのか分からないが、ここ少林寺は今やもう完全に観光地化されたお寺となってしまっている様に見えた。

7. 南街村の不思議な世界

6月初め頃、仲の良い米人教師デービッド／サンドラ夫妻に誘われて河南省の中央部に位置する南街村という所に、夫妻の娘さんとサンドラが教えている英語学科の学生二人も一緒に同行して運転手付きミニバン車を雇って日帰り旅行をした。

この7歳の娘さんは夫妻が米国にいる時に養女に貰い受けた中国系の女の子で、すごく可愛がっており、彼女に対して夫妻はどんな時にも優しく接している。

米人教師達は基本的には家族でこの大学の寮に暮らしている人達が多く、子供達もちゃんと大学構内の施設で学習する場がある。

南街村は新鄭市から約150㎞位南下した所の河南省のほぼ中央に位置する漯河《らくが》市の近くにあり、現在中国政府及び共産党配下のモデル村となっていると同時に一つの観光地ともなっている一風変わった村である。

ここは元々貧しい寒村だったが、当時の毛沢東が農村でも自立できるような理想郷を作り上げようと提唱し、この村をその候補地の一つに選んで「モデル村」とするよう準備していた。

上左：毛沢東を真ん中にマルクス、エンゲルス、レーニン、スターリンの写真が…
中左：毛沢東と中国共産党のミュージアム
中右：毛沢東の巨大像、両側に女性の護衛兵が直立不動で立つ
下　：南街村の観光はこのカートに乗って一周する（デービッド夫妻と学生）

これを受けた毛沢東思想に心酔する南街村出身の共産党委員会書記が、原料から加工までの一貫した全ての食料の自給を村民達の手により共同作業で効率的に行わせ、農業工業独立自治体を築いて、豊かな村に変貌したという。

ここを有名にしたのは１９８０年代前半に日本からの技術導入により、中国で初めて即席ラーメンの生産工場を建設し成功を収めたということであり、今でも中国全土に出荷しているという。

その後、ビール工場や製薬工場などが次々と建設され、今では30以上の村営企業が出来ていて、そこに働いている８割がほかの村からの出稼ぎ労働者であるようだ。

我々がこの村に到着するとすぐ観光用のカート（勿論有料）が待ち構えており、ガイド付きで村内を順番にゆっくり巡回することになっており、個人で勝手には見学できない様になっている。実はこの観光案内もこの村の観光旅客部が運営している。

まず連れて行かれたのが毛沢東ミュージアムみたいな建物で、毛沢東及びその時代の共産党幹部関連の資料や遺品が並べられてあったり、中国共産党のこれまでの沿革が記されたりしている言わば中国共産党のプロパガンダ館とも言える。

そして外に出ると、中央の大通りに大きく聳え立つ毛沢東の石像が目に入って来る。

ロングコートに身を纏った毛沢東が右手を高々と挙げて人民の支持に応えているような像であり、その像の階段下の両サイドに人民服に近いような制服を着た二人の女性の護衛兵が身動き一つしないで、直立不動の姿勢で立っている。

はじめ遠くから見た時はてっきり蝋人形か何かの人形で、しかも男性に見えたが、近づいてみると女性であった。

そして上の方に目を転じると、毛沢東の顔写真を真ん中にして右にレーニン、スターリン、左にマルクス、エンゲルスの大きな顔写真が飾ってあり、何か40～50年前の中国に引き戻されたような感じである。

次に有名な即席ラーメン工場を見学する。昔の即席ラーメンも一部まだ作ってはいるが、今はほとんどがカップラーメンである。

特に何の変哲もない普通のカップラーメン工場であるが、ここでの出荷量は半端なものではないようで、中国全土の消費量のかなりの部分をカバーしているという。

日本のカップラーメンの消費量も凄いが、中国では勿論桁数が違うわけで、特に中国人は旅行の移動中でも駅の待合室や列車の中でカップラーメンを食べるのが好きで、そういう光景をよく目にする。それは駅や乗り物の中、公共施設等には必ずと言っていいほど熱いお湯が用意されており、カップ麺にお湯を入れて手軽に食べられるようになっているのは非常に便利である。

この村ではこの即席麺工場の他に食品、飲料、ビール・その他アルコール類、印刷、包装、医薬、工芸品等の村営工場があり、旅客観光部も持っている。

次に向かったのは日本の昔の公団住宅のようなアパート（村民住宅）でそこに住む人民の住居と暮らしぶりを見学するというコースで、ガイドがそこの住居人を紹介し、彼等にちょっとしたインタビューを行ったり、暮らしぶりを我々に説明したりしていたが、それによるとここの村民は食料品、住居費、空調代等の他、教育、医療、福利厚生、冠婚葬祭等に関するものは全て無料で、それとは別に毎月２００元程度のお金の支給を受けているが、お金を使う機会はほとんど無いと言う。

要はここの村民は何不自由なく皆幸せな共同生活を送っているという事を見せて、まさにこれが模範的な共産主義・社会主義のやり方であると言わんばかりで、これも共産党の宣伝活動の一つとなっているようだ。

そして次に肝心の見たかったハイテク農業と呼ばれている農場には案内されず、熱帯植物園に連れて行かされた。

一体何でこの村にこのような大きな熱帯植物園があるのか、そして何で観光客をここに案内しようとするのかの狙いが今一つ理解できなかったが、よく見ると中国南方各地及び諸外国からの物凄い数の珍しい貴重な熱帯植物があり、恐らくはこの村の一つの大きな財産として保有して置く事と、しっかり入園料を取っている事からして、この村の大きな収入源の一つになっているのであろう。

中国では今やどこの都市、どこの町に行っても共産主義とか社会主義とかの匂いや空気感は全く感じられなく、むしろ日本よりも資本主義的で激しい市場経済の渦の中に巻き込まれているような感じであるが、この南街村だけは別世界であり、かつて昔、私がソ連を旅した時の雰囲気にも似たような何とも言えない不思議な世界を見たような感じがした。

中国の一般メディアはこれまでこの南街村を「変わった村（変な村）」、「時代錯誤の村」とか「ほかの村の労働者を搾取している」とかの厳しい批判を繰り返していたようだが、習近平体制になるとこれが一変して南街村を持ち上げる記事が増えて来たという。それは習近平が農村問題に言及する時、毛沢東の言葉を多く引用するするようになって来た為といい、南街村があらためて脚光を浴びられるようになったからと言われている。

ただ習近平体制が毛沢東回帰思想を掲げ、それに向かおうとしているのかとなるとそれは甚だ疑問ではある。

8. 河南省の気候いろいろ

（1）内陸性気候と防寒具

河南省は夏暑く冬寒い典型的な内陸性気候で空気が乾燥しており、年間の降雨量も少ない。冬は11月頃から急に寒くなり、12月には氷が張り、零下になる日が多くなる。

新鄭はまだしも、その少し北にあるだけなのに鄭州は特に寒く感じる。乾いた北風が寒さを助長するのであろうか、身体を刺すような冷たさを感じる。

まあこの寒さは想定していたので、防寒具さえきちんと身に纏っていれば、それ程辛くはならないし建物の中はどこもスチーム暖房が効いているので苦にはならない。

現地の人は、まるで冬になると車を今までのノーマルタイヤから冬タイヤに履き替えるかの様に、11月に入ると一斉に防寒具を準備し出し、寒い日に外出する時はダウンコートやダウンジャケットは勿論の事、手袋、耳あて、帽子、マフラー、ブーツ、そしてマスクをしっかりと身に着けて出掛ける人が多い。

この場合のマスクはあくまで防寒用としてのマスクで、赤、青、黒といったカラフルで大きく分厚い布地で出来たものを着用している人をよく見掛ける。

私はブーツを持っていなかったのだが、12月に鄭州に行った時、街を歩いているとアスファルトからの冷気がもろに足元に伝わり、体全体に広がってくるような感じがして、これはまずいと思いすぐ靴屋を探した。

幸い手頃なブーツがあったので、試しに履いてみると感じがぴったりフィットし、その時は何の違和感も無かったのでそのブーツを買い、自分の履いているシューズからそれに履き替えて外に歩き出した。

少し歩いてみると何かスムースに足が運ばないような重たさを感じた。「何だろうこの重たさは？まだ履き慣れていないせいなのかも？」と思いつつ、また歩き出したが、しばらく歩いてもこの重たさは解消されない。仕方なく一旦元の自分の靴に履き替えた。

重く感じるのは疲れているせいなのかも知れないと思い、この新しい靴はまた次の機会に履いてみることにした。

ところが次に履いた時もやはりダメであった。重たさとクッション性の悪さが、足を疲れさすだけで、折角買ったのに残念ながらそのブーツは下駄箱の隅に追いやられる結果となってしまったのである。

（2）季節の変わり目が早い

このように確かに冬は寒いが、3月になると木々の花々や草花が一斉に開花し出し、大分暖かくなって来る。

季節の変わり方がはっきりしており、一気に春になるという感じで季節感を存分に味わう事ができるのが特徴である。

桜もあるがソメイヨシノではなく緋寒桜とか大島桜が多い。それより特に美しいのは桃の花と梨の花である。これは果物の木とは別に観賞用の花木として開発されたもので、日本ではあまり見る機会は少ないが、河南省ではよく見掛ける花で、咲いている期間も結構長い。

そうこうしている内に夏がやって来る。日本ほど長くはないが、中国にも日本と同じ時期にメーデー（労働節）を挟んだゴールデンウイーク（黄金周）があり、皆帰省やら旅行やらで移動を始めるが、連休が明けてしばらくすると夏の陽気に変わって来る。

学生達に「いやあ、最近何か夏みたいな陽気が続くねえ」と言うと「先生、夏みたいではなく、もう夏が始まったんですよ！」と口を揃えて言う。

「ええ？　もう夏が来たの？　えらい早いねえ！」と言うと「いえ、これが普通だと思いますよ」と言う。

確かに5月末から6月に入ると30℃を超える日がかなり多くなって来て、35℃位になる日もある。

そして秋が来るのも早い。9月に入るともう大分涼しくなって来る。

実は9月中旬に国際交流本部主催の日帰り無料バスツアーで外国人教師ほぼ全員で2台のバスを連ね、黄河の有名なダム、小浪底ダムに行った時のことである。

その日は生憎の冷たい雨の日で折角の楽しいはずの日帰り旅行であったはずが、寒くて台無しとなってしまった。

3時間以上掛けてやっとダムに着いたはいいが、寒くて寒くてガイドの説明も上の空で、皆震える手で傘をさしながら足早に見て周り、すぐにバスに引き返した。

そのあと黄河を船で遊覧するも、寒いのと霞んで景色もよく見えないので皆仕方なく船内に閉じ込もって駄弁っていた。

いくら雨の日とは言え、9月中旬でこんなに寒い日が一体あるのかと、特にこの年に来たばかりの教師達は皆本当にびっくりしていた。

まあこの日は特別な天気の日だったかも知れないが、それにしてもつい数週間前までは夏の日差しがとても眩しかったのに信じられないような変わり様であった。

そう言えば日本の暦にも立春、立夏、立秋、立冬とあるが、日本において毎年よく言われるのは、暦の上では立春でもまだまだ寒さはこれからが本番とか、立夏が過ぎてもまだ梅雨寒の日があり、夏のイメージはまだ遠いとか、立秋とは言えまだまだ当分暑い日が続くであろうとか言う暦と実態が乖離しているというフレーズが多いが、ここ河南省はこの暦と実態が結構近いように感じる。

つまり平均的には日本の四季の移ろいより一ヶ月位早いような感じである。勿論その年によっても多少の違いはあるとは思うのだが……。

(3) 皆既月食のはなし

もう一つおもしろい?話があるのだが、12月のある日の夜にキャンパスを歩いていると周りの連中が皆何か指を指しながら上を見ている。何かなあと思い、傍の学生に訊いてみると月食を見ているのだと言う。そうか、忘れていたが今日は皆既月食の日だったのだ。

急いで我が宿舎に戻りバルコニーから空を見上げてみた。まだ月は煌々と輝いており月食の気配はあまり見られない。

しかし少し経つと段々ではあるが月が欠けてくる様子が分かるようになって来た。すぐ日本にいる妻に電話して月食の事を告げ、2階から月の様子を見てもらったが、まだ素晴らしい満月だと言う。

一瞬おかしいなあとは思ったが、「そうか、勿論月食にも多少の時差があるのだ」と言う事に気がついた。日本と中国との通常の時差は1時間である。日本の方が東にある訳だから当然中国より1時間早く進んでいる。ところが月の公転の関係で地球が太陽と月の間に入った時に地球の影が月にかかることによって月が欠けて見える月食の場合は月の公転軌道の関係で逆に中国の方が早く欠け出すのである。

皆既月食のピークが来たのは中国現地時間の夜10時頃であったのだが、後で確認したら日本では日本時間午前零時（中国現地時間11時）近くがピークであったようだ。

つまり通常の時差を差し引いても1時間位日本の方が遅かった訳である。

その完全に地球の影に隠れた瞬間は真っ暗になるのではなく、薄いぼやけたオレンジ色がうっすらと残り幻想的な夜空の雰囲気を醸し出していた。

少しでも天文学をかじった人であれば、この月食の時差についてすぐ分かる事かもしれないが、普段あまりこの世界に馴染みのない者にとって、こういう実体験でも無い限りなかなか気がつかない様な、ある種おもしろい体験ではあった。

（4）黄砂と洗濯物

ところで前述したように、ここ河南省は基本的に年を通じて雨が少なく、乾燥している。従って洗濯物がとても乾き易い。

ところが洗濯物を外で干すと黄砂の影響か、砂埃を被ってしまう事が多い為、人々は一般に家の中で干す場合が多い。家の中でも乾燥しているのですぐ乾くし、ましてや冬場はスチーム暖房がたかれているので一発で乾いてしまう。

寮には共同で使うように、洗濯室に自動洗濯機と自動乾燥機が置かれてあるが、数が少ない上によく故障する。特に乾燥機の故障が多い。

ここは教師連中だけではなく、清掃のオバちゃん達も一緒に使うので競争率が非常に高く、特に金曜、土曜はとても混雑する。

従って空いている機械があるかどうかちょいちょい見に行きながら、空きが出たらすぐ間髪を入れず洗濯物と洗剤を入れて部屋に戻り、終わる頃を見計らって今度は乾燥機に移さなければならないのだが、これがまたもっと空かない。

乾燥機3台ある時はまだ良かったが、その内の2台がある時期から故障してしまい、たった1台で賄わなければならなくなり、もう完全に〝開かずの踏切状態〟となってしまった。

仕方なく、一週間分の洗濯物を数が多くて少し手間ではあるが、部屋に干すことに決めた。そして翌朝見たら完全に乾いている。

しかも鄭州で買った加湿器があまり効果がなく困っていた所であったが、濡れたバスタオルなどをスチーム暖房機の上に干して置くとちょうどいい加減の加湿補助役になって、一石二鳥となり、それ以降は部屋で干すことにした。

しかし布団は部屋干しというわけには行かないので、黄砂が舞っているのは覚悟で、短い時間だけバルコニーの手摺に干し、取り込む時はしっかり布団を叩いて、砂を中に入れないように手早く部屋にしまった。

バルコニーの床はほうきで掃いても掃いても砂がたまるという繰り返しなので、もうある時から諦めて、掃くのを止めてしまった。

ことほど左様にここは乾燥して埃っぽいのが難点で、肌もカサカサになることから、よく手や顔に常時保湿クリームを塗っていた。

これは必需品でこの地の〝砂埃と乾燥〟は半端ではなく、これまでの全くの未体験ゾーンをくぐって行く感じであった。

(5) 分教場は石炭の町

春を迎えた3月初め頃、学校からの急な依頼でこの大学の姉妹校に日本語の講義をしに行く事になった。直線距離で行けば多分40～50㎞の所にあるその姉妹校ではあるが、バスで走れるようなろくな道がないため、物凄い大回りをして1時間半も掛けてやっとその大学の正門に到着した。

この姉妹大学は日本語学科が一クラスしかなく、学生はわずか20数人の皆素朴な感じのほっぺを赤くした、まるで田舎の分教場にでも行ったような雰囲気の漂うクラスであった。

東日本大震災の事や日本の文化など日本について一通りの概論を講義したが、学生達は本当に真剣な目付きで熱心に耳を傾けてくれた。講義が終わった後、学生達とキャンパスでお茶を飲みながら、しばらく雑談をして、またバスで1時間半掛けて本校に戻った。

そこまでは良かったのだが、翌日、朝起きたら鼻がムズムズし目が超かゆい。

「いやあ参ったなあ！　花粉症に掛かってしまったかな？」と思ったが、中国では花粉症になる程のひどい花粉は出なく、春でも花粉症になる人はほとんど居ないと聞いていたので、「ちょっとおかしいなあ、昨日行った姉妹校のキャンパスも花粉らしきものは無かったはずだし、この大学のキャンパスも今までは何とも無かったのに」と考えながらも、頭も段々鈍痛を覚えてきて、目が腫れ出し、熱も出てくるようになった。

結局その日の授業は何とかこなし、中国人教師に症状を話してみたら「それは多分、石炭のせいですよ！」と思いもかけない話を聞いてビックリした。

あそこの姉妹校のある町は昔から石炭の産地として有名で、今も石炭の集積場となっており、「多分細かい石炭粉が空気中を舞っているのかもしれませんよ」「慣れていない人だと余計掛かりやすいかも、すぐ医者に診てもらった方がいいですよ」と言う事で、翌日外の病院を探そうとも思ったが、この大学のキャンパス内に診療所があるので、取り敢えず診療所で薬をもらい、その日は休ませてもらう事にした。

結局、治るまで一週間位は掛かったが、粘膜をやられてしまったのか、これまで余り経験した事の無いような、かなりひどい症状であった。

思いもかけない災難？に見舞われたわけだが、石炭はやはり大気汚染を引き起こす最大の元凶となる恐ろしい物質なのではないかという事をあらためて思い知らされたのである。

第3章　悠久の歴史が育んだ大地中国

中国での教師生活中に休暇を利用していろいろな所を旅して歩いた。

この章では主に中国の歴史に深く関係している場所を中心として、河南省以外の訪問地を描写してみることにする。

1．道教のメッカ泰山

私は10月1日の国慶節（建国記念日）を挟んだ秋のゴールデンウイーク（通常一週間の休日がある）を利用して山東省を旅した。

国慶節の時は中国人民が大挙として帰省したり旅行に行ったりする民族大移動の時期でどこも混雑し、どの交通機関も満杯状態であることから、取り敢えずこの広い中国の一体何処に、どうやって行こうかと少し考えあぐねていたが、新鄭市内の旅行社に行って調べてもらった所、比較的近場は飛行機がまだ空いていると言う。

そこで河南省の隣の省となる山東省を回ることにした。そして山東省に行くなら是非、泰山に行って見た方がいいですよと言うお勧めもあり、省都済南から泰山に行く事に決めた。

泰山《たいざん》は中国山東省のほぼ中央に位置する泰安《たいあん》市郊外にあり、世界遺産にも登録されている１５４５

上左：大型連休での泰山登山
上右：登り初めはまだ少し余裕が有るが
中左：急勾配の泰山の石段は満員状態
中右：途中の岩場に道教の関連する文字が刻まれている
下　：登山口にはお土産屋、食堂と一緒に宿泊所もある

mの名山であり、中国五大山（五岳）の一つとして文化遺産、自然遺産の両方を取得している世界複合遺産となっている。

泰山はまた道教の聖地としても有名で、大勢の信者達が参拝登山を行う為に訪れる場所として知られているが、勿論信者だけでなくて一般人でも一度は泰山を登らなければと言う習わしと言うか、日本で言うところの一生に一度は富士山へ……の感覚に近いものがある。


私は鄭州空港からセスナ機に近いような小さな飛行機で山東省の省都である済南まで飛び、翌早朝済南駅前のバスターミナルから泰山一日ツアーのバスチケットを購入して泰山に向かった。バスの車中でガイドが色々と中国語で泰山の説明をしている様子だが、物凄い早口でほとんど理解出来ない。

2時間半位かけてやっと泰山麓の入口に辿り着き、そこから登山バスに乗り換えて、何合目になるのか分からないが、中腹近くまで運んでくれる。

ところが連休真っ最中という事もあって、麓のバスターミナルは大混雑で長蛇の列が続いていた。ほとんどが団体客で大勢のツアーガイドがそれぞれの旗を持って大きな声で叫びながら団体客を誘導したり、入山料＋登山バス代の団体チケットを購入している。

1時間程待ってやっと登山バスに乗車することが出来、30分程で登山道入口に着いた。


ここからロープウェイも出ている様だが、誰ひとりそちらの方向に行く人は居なく、皆石段を登り出しているので一緒に付いて行く事にした。

この時点では、わざわざロープウェイなんか使わなくとも割と簡単に登り切れるのではないかと安易に考えていたが、実際はとんでもないと言う事が後で分かった。

最初は石段でも途中から緩い山道があるのかと思っていたのが大誤算で、石段をいくら登っても山道が見えない。しかも登れば登るほど石段の勾配がきつくなって来る。

この分ではひょっとして頂上まで全部石段なのではないかと嫌な予感がし、急に足が重くなって来た。

おまけに全国津々浦々からこの連休を利用してこの山に大挙して集まって来たのではないかと思えるほど人、人、人の渦で、石段が足の踏み場もないほどの満杯状態になっている。

明け方ご来光を仰いで、もう下山する人達も大勢下りて来ており、上りと下りの登山客が絶え間なく交錯し、もし一歩間違えば将棋倒しになってもおかしくないような状態が続いた。

そんな状態で、私は少し身の危険すら感じたが、頂上までは何とか行きたいという思いで、途中休みを取りながら石段の横の手摺り沿いにまた登り始めた。

この山は大きな岩石が左右に突き出ていて、途中所々に道教と関係のあるものなのか石碑のように字が刻まれある岩があり、そこで記念写真を撮っている人達を結構見掛ける。

一体頂上まであとどの位あるのだろうかと思いながら時計を見ると、もうお昼をとうに過ぎている。これはやばい、3時にバスの発着所で集合となっていたのでもうそろそろ戻らないと間に合わなくなる。

そして遠く上を見上げるとうっすらと頂上の神殿らしきものが見えて来たが、そこに続く長い長い急勾配の石段（斜度70度位はあるであろう）が大蛇のように大量の人を飲み込みながらうねって続いている。

「いやあこれはダメだ、とてもじゃないが頂上まで登って帰っては来られない」と判断し、本当に残念ではあったがここで折り返すことにした。

実はこの時が中国で最初の登山であったのでよく知らなかったわけだが、後になって分かったのは中国の多くの山は尾根の山道ではなく、急勾配の石段を直線的に登るようになっているという事である。

これだとどうもゆったりと周囲の景色を見ながら登山を楽しむというスタイルからは程遠くなってしまうし、急な石段を登り続けるのは何より足と身体が非常にこたえる（因みにこの泰山の石段は頂上まで約7千段ある）のである。

それなのに中国の人達は家族皆で、きついながらもしっかりと石段を登っているのには本当に感心させられ、実はやはり中国人は石段登山に馴れているのではないだろうかとも思えてくる。

かと言って中国人は緩い勾配の山道をゆっくりと散策しながら楽しむのが好きではないとは決して思えないから、山道が直線的な石段が多いというのは恐らく山の地形的なものから来ているという事もあるかもしれない。

つまり中国の山は一般に岩や石が多くあり、なかなか尾根道を形成しにくい地形、地質になっているので、石段を直線的に作ってしまう方が楽なのかも知れない。

いずれにしてもこの泰山をゆっくり楽しむには頂上付近で一泊した方がいいという事が分かった。前泊し、明け方ご来光を仰いでゆっくりと下山するというのが満足の行く楽しみ方ではないかと思う。但し、連休の真っ最中ではとても宿は取れないので、行くのならやはり普段の日を選ぶべきだと思う。


ところでこの山が聖地とされる道教について少し触れてみる事にしよう。

道教とは仏教、儒教と並んで中国三大宗教の一つで（儒教は宗教ではないという説もあるが）、古代中国において自然発生した原始宗教である。

そう言う意味では仏教やキリスト教などと違って、新興宗教は別として、中国唯一の独自宗教であると言える。

道教の究極目標は不老長生である。それを実現する為の数々の教えを説いており、宇宙の真理、天と地との関係や、風水、陰陽、太極拳も元々この道教の教えから来ている。

道教は老子が教祖であると一般的には伝えられているが、定かではないようだ。

そして人間が生きる為の規範書として「太上感応篇」という書物が出されており、人の寿命・禍福はその人の行為の如何によって定められるとする勧善懲悪の書である。

まあいくら連休とは言え、これだけ多くの人達が家族揃ってこの山を訪れるという事は、やはり誰もが不老長生を願っていることの表れであり、道教が中国人の生活や心の中の支えとして、少なからず息づいているのではないだろうかと思えるのである。

2. 済南は泉の湧きでる町

山東省の省都である済南《さいなん》（中国語読みでジーナン）市は思っていたよりかなり大きな都市で、全国特大都市の一つとなっており、省内の政治、経済、文化の中心を担っている。

済南は泉が湧き出る町としても有名で、別名を泉城とも呼ばれている。

市内には百ヶ所以上の湧水の出る場所があり、市民はこの湧水を飲み水としても利用している。そしてその中で七十二名泉と呼ばれる水量の多い美しい泉があり、中でも最も優美な泉の庭園である趵突泉《ほうとつせん》は有名な観光地となっている。

趵突泉は市内の中心部にあり、中に入ると素晴らしい泉の池があり、天下第一泉と呼ばれる三つの泉が湧き出ている。そして池を囲むようにしだれ柳が風に揺れ、何とも美しい光景が映し出される。因みに済南の市木はしだれ柳であると言われる。

少し歩くと演劇を行う小舞台があり、京劇が演じられているのをしばし立ち止まって観るのもまた楽しい。

そしてこの庭園から10分程歩いた所に大明湖という池を大きくしたような湖がある。

上　：済南駅近くの露天商夫婦
中左：済南市内の泉の湧き出る庭園「ほうとつ泉」
中右：園内の京劇に見入る観客
下　：公園外堀を巡る遊覧船

大明湖は多くの泉からの湧水が集まってできた天然の湖で、周りは大きな公園になっている。市内の真ん中にこんな湖があるとは本当に驚きである。

隋唐の時代には蓮子湖と呼ばれていたということで、蓮の実がたくさん成っていたらしい。一歩外を出るとこの周辺にはデパートや大型店舗が沢山並んでおり、また大きなショッピングモールもある。このショッピングモールの上階には日本料理、韓国料理、インド料理、イタリア料理他あらゆる種類のレストランが軒を連ねていて、入るのに迷う位である。

こうしてこれら周辺一帯を見ると済南は非常に優美で都会的な町であると感じる。ところが済南中央駅の方に足を延ばしてみると景観は一変する。

駅周辺の界隈は大きな荷物を抱えた旅行者風の人々が大勢行き交い、鉄道駅だけでなくその斜め向かいに長距離バスターミナルもあることから雑踏が何重にも渦を巻いているような騒然とした感じの世界が広がって来る。

路地裏の方では雑貨、衣服、果物等を売る露天商が道路いっぱいに所狭しとお店を広げて客を呼んでいたり、大衆食堂が軒を連ね、そして簡易ホテルがあちこちに点在していて、どこも大勢の客がフロントに群がり空き部屋の有無や価格を訊いたり交渉したりしている。

実はここ済南駅だけではなく中国のほとんどの鉄道駅周辺はどこも大体こんな感じで、見方によってはすごく面白く、興味の引く光景が展開されるが、あまり長居すると雑踏で空気の濁った重苦しい雰囲気が段々と増大し、その場を早く立ち去りたくなる様なそんな感覚に陥って来ることがある。

ところで済南といえばかなり過去に済南事件というのがあった。これは特に日本の歴史教科書には出ていないと思うが、日本人でもかなりご高齢の人は知っている人がいるかもしれない。

それは１９２８年（昭和３年）５月に済南で起きた事件で、当時の中国国民革命軍（南軍）の総司令官であった蒋介石が中国統一を実現させる為、第二次北伐の軍を進めた。

これに対し北軍の総司令官は旧満州他を実質統治していた張作霖で、ここ済南で南軍と北軍がぶつかり合うこととなる。


一方済南は古くから山東省の商業都市で諸外国人がここに多く住み、日本人もかなりの数の人が居留民としてここに住んでいた。

そして前年の１９２７年に南京事件というのが起こり、南京の日米英仏の公館が国民革命軍によって襲撃、略奪、婦女暴行、殺戮が行われたが、このような事件が再び発生するかもしれないという恐怖から日本政府に居留民保護の目的で軍の出動を要請し、軍によって一旦は居留民を収容保護した。

しかし５月に入って北軍が退却した後、南軍の兵士が暴走し、中国兵による乱射略奪は一気に済南市内中に拡大し、日本軍人だけでなく多くの日本人居留民までもが残虐の限りを持って惨殺されたと言われている。

これが１９２８年５月３日に起きた世に言う済南事件であるが、その真相ははっきりとは分かっていない。

ただ意外と知られていないこの事件が後に本格的な日中戦争に進んで行くひとつの大きなきっかけになって行ったのではないかという事は否定できないであろう。

3. 孔子のふるさと曲阜

この済南から新幹線に乗っておよそ40分程で孔子の生地として有名な曲阜《きょくふ》という町に着く。新幹線の最高スピード表示を見たら３０２km／ｈと電光掲示板に表示されていた。

実はこの時が中国での最初の新幹線乗車であったが、車内のデザインは日本の新幹線と全く一緒で日本からの技術導入で造られた車両であることが一目で分かった。

中国の新幹線の駅は日本の地方都市でもそうであるように一般に在来線の駅とかなり離れている所が多い。ここの駅も曲阜東駅というのが新幹線の駅名で市内からは相当離れているが、まだ真新しい立派な駅で、駅構内の中央には大きな孔子の木彫りの像がデーンと飾られてある。

私は駅からタクシーを使わずバスで市内に行くことにした。発車寸前でバスに飛び乗り、空いている席に座ると、運転手が早口で何やら文句を言っている様なので何事かと思いながら周りの乗客を見てみると、皆の視線が全員私に向いている。すると隣の青年が「お金を先に払うようにと言ってますよ！」と教えてくれた。

それならそうと運転手ももっと優しく言ってくれてもよさそうなものだし、乗客もまるで犯罪者を

上左：孔子の木彫像が置かれてある曲阜東駅
上右：論語を筆で清書する書道家
下左：曲阜は馬車の往来が多い
下右：孔子廟で拝む男の子

曲阜の町は孔子色でいっぱい

見るような目付きで一斉にこちらを見るのはやめて欲しいとは思ったが、すぐに前へ行ってお金を払いに行って謝った。

いやあ昨今無賃乗車が多いのかどうか分からないが、この空気には本当に驚かされた。

中国のバスは先払いもあるし後払いの所もある。またワンマンバスもあれば、車掌の居るバスもあるので、その地方や場所でまちまちである。従って乗る時に確認すべきではあったが、何せ発車寸前に飛び乗った為、その余裕が無いまま座ってしまったのが失敗であった。

市内の中心地近くに着いてからバスを降り、まずホテル探しを行った。ここでは特にホテルの予約は取っていなかった。それというのもここ曲阜は元々近代的なホテルは殆ど無く、古都に相応しい様な少し古びた、言わば民宿に近いような宿屋が沢山あると聞いていたので、自分で探して宿を取るつもりでいたからである。

表通りや裏通りをぶらぶら歩いて適当なホテルが無いか探していると、何処からかおばちゃんが寄って来て「いいホテルがあるから紹介するよ」と言いながら「私に付いておいで」という仕草をするので「じゃあ取りあえず見るだけね」と言って、おばちゃんの後に付いて行った。

1軒目に連れて来られたのはいかにも古い小汚い宿屋だったのでパスした。そして2軒目、3軒目と見たが、どれも良さそうなものが無かったので、おばちゃんに断りを入れて自分で探すことにした。

それにしても裏通りの迷路のような所にこんなに沢山の古びた宿屋があるとは驚きである。

再び表通りに出て見てみると1階が雑貨店で2階から上がホテルになっている宿を見付け部屋を見

せてもらった所、まあまあ妥協できる範囲だったので、ここに決めることにした。料金は２５０元ということで田舎の街のホテルとしては高いような気もしたが、世界遺産のある観光地だけに仕方がないのかなとも思った。

何でこの様な観光地に大型ホテルが一軒も無いのかが不思議であったが、実は翌日市内を散策していたら有名なホテルチェーンの大型ホテルが何ヶ所か現在正に建設中であることが分かった。

曲阜は済南から南へ約１３０㎞行った所の山東省済寧市の県級市の一つで中国政府より〝国家歴史文化名城〟（歴史文化都市）の称号が与えられた後、１９９４年ユネスコ世界遺産に登録された。歴史的に見ると春秋時代の魯国の時に栄え、その後年に思想家であり教育家でもある孔子が現れた。彼の思想は後に「儒教」と呼ばれ中国や東アジアに数千年に渡って重大な影響を及ぼすこととなる。孔子の死後も孔子の思想を受け継いだ子孫や弟子達がここ曲阜に代々居住し、次第に中国でも第一の名家となって、21世紀の今日に至るまでこの一族の伝承が続いている。そして農業人口を合わせてもわずか50～60万人の人口しかない曲阜周辺に10万人を超える孔姓の人々が住んでいると言われている。

この孔子の町、曲阜には世界遺産にも登録されている三孔と呼ばれる建造物がある。それは孔子を祭祀した孔廟、孔子の直系子孫の邸宅がある孔府、そして孔子とその一族のお墓がある孔林で、この三孔は多くの観光客が訪れる場所である。

この三孔に入る為の拝観料は3ヶ所全部入れる一括チケットと1ヶ所ずつのバラのものがあり、勿論一括チケットの方が割安ではあり、大半の観光客は一括チケットを買うが、孔林だけは少し離れているので時間的に余裕がない人はバラのチケットを買うこともある。

私はまず孔廟《こうびょう》から入ることにした。ここは中国各地にある孔子廟の中でも最大のもので、中国歴代の皇帝達によって増築や補修が繰り返された結果、宮殿のような壮大な建築群となり、紫禁城（北京）、岱廟（泰安）と並ぶ中国三大宮廷建築の一つと言われている。木々に覆われた広大な敷地に高い大きな屋根の楼閣がいくつも突き出しており、建物の中に入ると至る所に孔子の肖像画や筆で書いた論語が飾ってある。

私は読めるかどうかは分からないがここで記念に原語で書かれた論語の小冊子を買い求めた。

次に孔府に入った。孔府は孔子一族の邸宅であるが、何と150以上の建物の中に部屋の総数が500室近くもあり、九つの中庭を有している。

勿論部屋そのものは古いが荘厳な感じの調度品が各室に飾ってあるのが目に映る。

ここから三つ目の孔林までは少し遠いが、この間を沢山の馬車が行き交っており、なかなか風情があるが、私は散策がてらゆっくり歩いて行った。

孔林は孔子及び一族の墓地であるが、三孔の中では最大の敷地面積を誇り、何と10万を超える子孫の墓碑が散在し、孔家墓地としては世界最大規模のものである。

孔子の墓は入って一番奥の方にある、ひときわ大きく立派で堂々とした墓碑があり、ここだけは大勢の観光客が皆一様に手を合わせている。

この孔子の墓に一体一日どの位の人達が手を合わせるのだろうか？　更に年に数えたら？　と思う時、それこそ想像を絶する数の人々がここで孔子を拝むことになる。

儒教の教祖としての孔子であるが、そもそも孔子は「礼」を教える民間の教育者であったと言われる。「礼」とは意味が広く、国の儀式、神の祭りから人間関係にまで関わる規範で、現代で言う「マナー」の事である。そして「礼」は「信」に通じると説いた。

例えば「民の信が無ければ君子は成り立たない」「君は正しき君となり、臣は忠なる臣となるよう、父は父として子を思い、子は子として父を敬えば良い」というような事を説き、儒学の基となる基本的な思想を弟子に教え、孔子の死後、弟子達が孔子の教えをしっかり守り、これらをまとめて儒教が出来上がり、その後代々の弟子達の思想も加わって今日の儒教・儒学があると言われている。

従って儒教は宗教なのか、あるいは一つの哲学なのかは意見の分かれるところではあるが、いずれにしても韓国や日本等に大きな影響を与えて来たと言うことだけは確かであろう。

曲阜の町並みは古都に相応しい様な古代・中世の面影を残した建物が軒並み続いており、新しいビルなどはほとんど見当たらない。

他の町には見られない落ち着いた雰囲気が醸し出されていて、観光客の多さを除けば、なかなか絵になる町である。特に城門をくぐって馬車がゆっくり走る姿が何とも言えない調和の取れた美しさを感じる。

孔子の町、世界遺産の町の名に恥じぬよう政府がしっかり保守、管理を行っている様子が伺えるが、建設中の複数の大型ホテルが完成した暁にはまた更に観光客がどっと増える事が予想される事を思うと、このしっとり落ち着いた空間が果たして保たれるのかどうか心配である。

4. 重い歴史を背負う古都南京

私は冬休みを利用して予てより行きたいと思っていた南京を訪れることにした。

南京市は江蘇省の省都であり、かつては国民政府の首都であった。

14～15世紀にかけては世界最大の都市であったが、現在は中国の中でも中堅の都市に甘んじている。

重慶、武漢と並ぶ中国三大火炉（ボイラー）の一つと呼ばれるほど夏は暑いことで有名である。

南京の歴史は古く、春秋時代にこの地に城を築いたことに始まる。その後秦の始皇帝が全国を統一した際にここを支配した。三国時代になると呉の孫権が要塞を築いてこの地に都を置き、その後、東晋、宋、斉、梁、陳の都となり、呉を含めた六国が全て同じ地に都を置いたことから六朝時代と呼ばれることがある。そしてまた南京は中国七大古都に数えられている由緒ある町でもある。

南京へは上海より新幹線で約2時間で到着する。

駅に降り立つと何故か言いようのない緊張感が漂う。勿論それはあまりにも有名で、論議の的になっているかつての南京大虐殺事件の強烈なイメージが固定概念として強く残っているせいである事は

上：南京大虐殺記念館前に大きく立ちはだかる巨大モニュメント
中：南京長江大橋には人道がない
下：長江大橋に飾られてある紅衛兵のモニュメント

上：南京の新幹線駅は超デラックス
中：大橋の下側は列車が通っている
下：南京市内の裏町はお年寄りが集まる憩いの場

間違いない。

私は駅からタクシーに乗り、予めいくつか調べておいたビジネスホテルの一つに向かった。

予約はしていなかったのでフロントで空き部屋はあるか尋ねると、あると言うのでパスポートを見せてチェックインしようとした所、少し間があってから（パスポートを見て誰かに相談してから）「外国人は泊められない事になっているので申し訳ありませんが……」と言う。

「ええ？　そうなんですか？　でもおかしいですねえ、パスポートを出した時点で外国人だと分かるはずですよねえ」と少しカチーンときたので聞き返したが「外国人は無理なので、すみません」の一点張りで埒があかない。仕方なく外国人でもOKの可能性があるホテルを一軒紹介してもらい、そちらに行くことにした。

それは他の都市では考えられない事だが、恐らく日本人だから断られたのではなかろうかとすぐに思った。あるいは善意に解釈すれば実際はそうではなかったかもしれない？　が、やはりここ南京ではそう思わざるを得ない様な雰囲気があり、他の都市との違いを感じた。

私は紹介された同じ様なビジネスホテルに何とかチェックインする事が出来、そのあとすぐ今回訪問の最大の目的地である南京大虐殺紀念館に向かった。

紀念館に到着すると門を入る前に巨大なモニュメントが立ちふさがる。それは人間の5～6倍もある農民らしき女性の像であり、ボロボロの衣服が破れ、その衣服が肩からはだけて乳房が半分以上露出し、呆然と立ち尽くし天を仰いでいる悲しみに溢れた像である。

この像を目の当たりにすると、門を入る前から何か重苦しい感じがして胸の動悸が収まらない。

この紀念館の名称は日本では南京大虐殺紀念館と訳されて呼ばれているが、中国での呼び方は南京大屠殺紀念館で、もっと正式な言い方は侵華日軍南京大屠殺遇難同胞紀念館である。中国語の屠殺とは大量に虐殺するという意味で、牛など家畜の屠殺のことは屠宰という言い方で分けており、少し意味が違うようだ。中国語でも日本語と同じ意味で虐殺という単語はあるが、そんななまやさしい言葉では表現出来ないという事から屠殺という言葉が使われたようだ。


紀念館は広場陳列、遺骨陳列、資料陳列からなっており、門を入るとまず目に付くのが広島や沖縄の平和記念公園でもそうである様に犠牲者の氏名が刻まれている記念碑が飾られてあり、そして虐殺を描いた彫刻が目に映る。

館内に入ると胸が詰まるような異様な空気が充満する。それは沢山の遺骨が並べてあったり、残虐な写真が飾られてあり、そこに中国語と日本語で説明書きが書かれている。

私は上の段の中国語を見るようにして、下の段の日本語は出来るだけ見ないようにした。

何故かと言えば、その日は周りを見ても日本人らしき観光客は見当たらず日本人は私一人だけの様な感じで、もし下の段の日本語だけを凝視していようものなら周りの中国人が一体どんな反応を浴びせ掛けたか、場合によっては視線での集中砲火を食らわされるのではないかと想像するだけでも何とも言えない恐怖感が襲って来たからである。

勿論それは単なる妄想で、実際は何事も起きなかったかもしれないが、この時ばかりはそういう感情が支配していたのである。

資料は当時の中国、日本双方の新聞や雑誌が中心で、１９３７年12月〜翌１９３８年1月に掛けての記事が集中している。そして旧日本軍の銃剣等の武器や軍服等も展示されている。

これらを一通り見るには相当の時間が必要で、これでもかと言うように残虐な写真や資料が延々と続く。

最後の方は閉館の時間が迫って来たのも手伝って、もう駆け足で残りをどんどん回り、やっと外に出ることが出来た。本当にいたたまれない様な異様な時間と空間であった。

外に出ると巨大な看板が否応なしに目に付く。そこには「悼念南京大屠殺遇難同胞」と書かれており、その下に大きな字で「銘記　12・13」と赤で記されている。

そしてその奥の石塔の高い部分に「１９３７・12・13〜１９３８・1」と刻まれており、その隣の黒い石碑には「犠牲者30万人」と刻印されているのである。

つまり南京大虐殺で犠牲を受けた30万人の同胞に対して死者を追憶し悼み悲しみましょう！　そして１９３７年12月13日の日は決して忘れることのないようにしましょう！　と言うことである。

では一体何でこんな不幸な事件が起きてしまったのだろうか？

日中戦争の最中なのでお互い戦死者が出ても不思議では無いわけだが、この事件は旧日本軍が当時の中華民国国民政府の首都であった南京を１９３７年12月13日に陥落させ、その直後に兵士ではない大量の一般市民を無差別に暴行・虐殺したという罪で歴史的にも大きな事件として世界中で取り扱われている。

一説には、一旦は陥落したかに見えた中国軍兵士達が逃げ延び、一般市民に混じり込んでゲリラ活動を開始し始めたので、これを一掃するため市民を巻き込んでの掃討作戦が行われたのではないかとも言われているが真偽の程は分からない。

そして旧日本軍に虐殺された犠牲者が中国側が言うように本当に30万人だったかどうかも分からないが、人数が問題なのでは無く、戦争と言う名を隠れ蓑にして婦女子までをも巻き込んだ一般市民への虐殺行為自体が人道的に言っても決して許されるものではない。

いくら戦争とは言え通常このような虐殺や惨殺行為は相手への物凄い恨みとか憎しみの感情を持っていなければ決して出来るものではないはずである。

その事から考えた場合、旧日本軍は実際には当時、相当の怨みや憎しみを抱えていたのではないかと想像できる。つまりやられたらやり返すという全く無益な際限のない報復の連鎖から来ているのではないだろうか。

それは同じ年、1937年の7月29日に通州事件という大きな出来事があった事と大いに関係しているのではないかと言う説が有力である。

これは日本の歴史教科書でもこれまでほとんど取り上げられていなかったであろうし、恐らく中国国内でもこの事件を知っている人は少ないと思う。

通州は北京郊外にある町（現在は北京市通州区）で、旧日本軍部隊・特務機関及び日本人の居留民が住んでいた所である。そこに中国の自治政府保安隊が攻め入り、日本の部隊及びそこに住む日本人居留民が大量虐殺された事件であり、女性のほとんどが強姦されて殺害され、そこには朝鮮人慰安婦も含まれており、殺害方法も猟奇的なものが多かったと言われている。

中国の自治政府保安隊は駐留日本軍部隊を全滅させた後、日本人居留民の家を一軒残らず襲撃し、略奪、暴行、強姦などを行ったとされている。


ではその前はと言えば、同じ月の初めには盧溝橋事件が勃発し、実質的な日中戦争の火蓋が落とされたわけで、日本の侵略戦争とも思える仕掛けに対し、中国国民の憤りはピークに近い状態にあったのではなかろうかと考えられる。

更に遡れば１９３１年9月18日に起きた柳条湖事件である。これは中国東北地方、遼寧省の瀋陽（当時の奉天）近郊の柳条湖付近で日本の所有する南満州鉄道（満鉄）の線路が爆破された事件で、駐留していた日本の関東軍はいち早くこれを中国軍による犯行と発表したが、実際には関東軍の自作自演による謀略事件であり、満州における日本の軍事展開及びその占領の口実として利用したものであるが、当時の日本国内では一般的には太平洋戦争終結まで中国軍がやったものとして知らされていた。

この柳条湖事件は中国国内では教科書を含め、元々大きく取り上げられており、中国侵略の大きなきっかけを作った事件として絶対忘れる事の無いようにと「9・18事件」として呼ばれているが、日本では一般に満州事変という言い方で呼ばれているだけである。

中国が日本に対して正確で共通の歴史認識をして欲しいと、これまで再三に亘り言って来ているにも拘らず、それがちゃんと出来ないのは、一つの理由として、これまでの日本の歴史教育が江戸時代までは詳しく教えるのに肝心の近代史、現代史の詳しい内容が省かれ、スキップされて来た為にほとんど詳しく分からないまま今日まで来ている為であろう。

それは太古の石器時代から延々とだらだら教える為、明治以降になるともうほとんど時間が不足し、仕方なく端折ってしまうのか、それともこの時代、とりわけ大正から昭和初期（第二次世界大戦終結まで）に掛けての変遷及びその中身は意図的に余り教えないようにしているのか？　分からないが、もし前者が本当の理由であれば、教える順番を逆にして、近い所から段々に遡って教える方法もあるわけで、それほど歴史教育において近代史、現代史は重要な位置を占めていると言えるのではないかと思う。

しかも日本史だけ単独で教えても駄目で、世界史と同時並行的にリンクさせて教えないと同じ時代背景の中での世界の動きとの相関関係が理解出来なくなって来る。

話は大分飛んでしまったが、私はこの南京大虐殺紀念館を重たい気分のまま後にしてホテルへの帰路に着いた。

翌朝、私は南京市内を横断している、かの有名な大河、長江を見学しに行った。

長江は日本では揚子江と呼ばれて久しく馴染まれて来たが、これは間違いで、揚子江とはあくまで最下流部である上海付近の入江に近い河をそう呼んでいただけで、この大河全体を呼ぶ時は〝長江〟である。日本でも最近の正式な呼び方は長江になっているはずである。

長江は青海省のチベット高原を水源として雲南省、四川省、重慶、湖北省、湖南省、江西省、安徽省、江蘇省、上海、東シナ海と流れる全長6300㎞の大河で、中国は勿論のことアジアでも最長の河で、世界でもアマゾン、ナイルに続く第三番目の大河である。


長江見学の場所として南京長江大橋がある。これは8年間の歳月を掛けて1968年に完成した大橋で、全長約4500mあり、上部が自動車道路で下部が鉄道という2段構造となっている。

この橋の上に上るのには橋の袂に広がる大橋公園にまず入って、そこで入園料5元を払ってから橋堡のエレベーターで7元を払って橋の上に出るわけだが、特に何の変哲もないような、朝ただ太極拳をやるだけのような普通の公園が何で有料なのか？　それと展望台があるわけでもない橋堡の薄汚い古いエレベーターに乗るだけなのにどうして？　という疑問が湧いて来たが、まあ仕方がないかなあと思い直して上へ上がった。

橋の上に出ると、うっすらと朝靄に煙った長江の雄大な姿が視界に広がってきた。

やはりスケールの大きい河であり、何艘もの船が行きかっている様子が見えるが、河幅はびっくりする位広いと言う程のものではなく、靄がある中でも対岸が比較的はっきりと見ることができる。

橋の上の道路は凄い量の車がスピードを出して行き交っているが、橋の両端の道は歩行者専用道路なのかと思って少し歩いてみた。そのうちバイクがどんどん走って来るので危なくてとても歩けない。実はこの道はバイク専用道路なのかあるいは歩行者とバイクの兼用?だったのである。そう言えばずっと見渡しても歩いている人は見当たらない。

出来れば向こうの河岸まで歩いてみようと思っていたが、バイクと一緒の道を歩くのはやはり難しいし、この大橋を徒歩で渡るような奇特な人はいないのかもしれない。

橋の左側と右側にそれぞれ大きなモニュメントが聳え立っている。これは女性を含む紅衛兵の服を着た革命兵士達が毛沢東語録らしきものを高く右手に掲げている様子を表したモニュメントであり、この橋の建設当時、文化大革命の真っ只中にあった時代背景が覗える。

橋の上にあるモニュメントとしては相当大きく立派なものであるが、この先も中国を旅していて河川に架かる橋の両サイドにモニュメントが建てられているのを何回か目にした。

私は長江見物を終えた後、この周辺には適当な交通機関も無いので、市内地図を片手に南京市街まで歩くことにした。

裏通りを歩いていると、かなり老朽化した古いアパートや崩れかけたような長屋風の平屋が延々と続く光景が目に映る。そして中高年のおっさん達がリタイア組なのかどうなのか平日なのにこれも崩れかけた道路傍にたむろして井戸端会議や将棋などに興じていたりして、何かまったりした空間がそこにはあり、とても発展途上の真っ只中にある国とは思えない情景である。それどころか見た目の感じに過ぎないが、ここは他の都市と比べて生活レベルが少し低いようにも思える。

そして市街地に入って見てもそれ程大きな建物は見当たらず、江蘇省の省都であるのにも拘わらず、見たところ普通の中堅都市という感じである。かつて様々な王朝が繁栄し、国民政府の首都でもあったという華々しい面影や日本の各所で使われている「〜銀座通り」と同じように、中国各地の都市や台湾でも使われている「南京東路」「南京西路」等の通りの名称になる程有名な「南京」という言葉の響きが醸し出す賑やかさや洗練された雰囲気は残念ながらほとんど感じとることが出来なかった。

ただ中心部の地下街だけは別で、どこまで続くとも知れない超細長い地下にアパレル製品や靴などの店が所狭しと、ぎっしり軒を連ね、夜遅くまで大勢の人で賑わっていたのが印象的であった。

それと街の地味さとは裏腹に新幹線の駅（南京南駅）は素晴らしく超豪華な建物であり、そのコントラストには何かある種特別な違和感を感じずにはいられなかった。

5. 未来へ息づく武漢

南京から武漢までの距離は約670㎞、新幹線で4時間弱で行ける。

南京―武漢間は以前は飛行機が通っていたが、新幹線の発達に伴い、全面的に廃止されたようだ。

武漢は湖北省の省都で、長江を挟んで元々三つあった大きな市、漢口、漢陽、武昌が一つに統合されて武漢市という超大型な市に生まれ変わり、現在では全国9省に通じる交通の要所となっており、中国経済圏の中心に位置している。

統合以前の名前が各所でまだ残っており、例えば武漢市の在来線鉄道中央駅は武昌駅であり、漢口駅もある。そして市センターから少し離れた北側にある新幹線の駅だけを武漢駅と名付けている。

新幹線の南京南駅は本当に素晴らしく豪華な駅だと思ったが、ここ武漢駅もこれに匹敵する程立派な駅で、日本の新幹線の駅と比較すると、とてつもなく豪華でスケールも大きい。

ここに夜到着した為、予約してあるホテルまでタクシーで行くことにした。

そのタクシーの運転主は珍しく若い運ちゃんで、ビジネスホテル名と大体の住所を言うとすぐ行き先を理解して走り出した。

上　：三国時代の呉の孫権が最初に建造した黄鶴楼
中左：武漢は三国志の舞台にもなっている（劉備、関羽、張飛の像）
中右：武漢長江大橋はスモッグで霞んでいる
下左：橋の下でゲームを楽しむ市民
下右：長江の交通ルールに従い、船は２列縦隊で運行車も割にいい車で、軽快なミュージックがBGMで流れ、気軽に話し掛けたりしてリラックスムードが漂い、中国で乗る一般的なタクシーのちょっと硬い雰囲気とは少し違うなあと思いながら悪い気はしなかった。

ところが夜道を行けども行けども一向に市内の賑やかな場所になかなか出て来ない。

「えらい遠い所なんだねえ、まだ着かないの?」と訊くと、「お客さん、武漢は物凄く広い大きな町なんで、かなり距離もあるんですよ」と言う。

地図が手元にあるわけでも無いので、そう言われと信じるしかなく、またしばらく我慢して乗っている内に右折して少し行った所位からようやく街の灯りが見えて来た。

そしてしばらくすると賑やかな通りに出て来て、どうにかやっと目的地に着くことが出来た。空港からならともかくとして、鉄道の駅から市内までこんなに時間が掛かるのかなあと思いつつ、仕方なく高いお金を払ってホテルに入った。

翌朝、市内地図を買って調べてみた所、市内のど真ん中に大きな湖、東湖があり、その西側には大河長江が控え、それら全体を取り囲むように大きな市が形成されている。

確かに3市が合併した都市だけあってかなり広いことが分かったが、新幹線の武漢駅からホテルまでのルートをあらためて地図で追って見ると、明らかにタクシーは遠回りしたことが分かる。

それはその時は夜暗くて良く見えなかったが、実際運ちゃんが湖の外側をかなり大回りして市内に入ったわけで、本来は湖の内側を通れば、ショートカットできて大幅に距離を短縮できたはずであることが分かった。

まあ日本でもたまにあるが、これは外国人客向けのタクシーの距離稼ぎで、客がその土地を知っているか知らないかは、タクシードライバーなら乗せた瞬間に判断出来るからであり、まあ言ってみれば仕方のないことかもしれない。


武漢の歴史は長く、古くは商の時代から3500年位の歴史がある。

勿論それは武漢という名前になる以前の武昌、漢陽、漢口のいわゆる三鎮と呼ばれる時代及びそれ以前のそれぞれの歴史であり、特に三国時代に三国志に出てくる舞台となった武昌は有名であり、今でも語り継がれているようだ。

それは呉の孫権が劉備と荊州を争奪するため南京からこの地に都を移し、「武で国を治めて栄える」の意味の「武昌」という文字をとって、この都を武昌と名づけた。

この武昌にある有名な黄鶴楼は孫権によって軍事目的の物見櫓として西暦223年に建築されたものだが、その後度重なる戦火により消失し、幾度となく再建が繰り返され、現在の黄鶴楼は何と8回目に立て直されたものであると言われている。


ここは漢詩の世界でも有名な建物で、李白や白居易などの有名な詩人がここで素晴らしい詩を作ったと言われている。

この最上階から見渡す長江や市内の眺めはスケールが大きいが、多少スモッグが掛かっていてはっきりと見ることは出来ないのは残念である。

南京と同様に武漢も大河長江が市中央を縦断している。そしてやはり市中心部に武漢長江大橋という大きな橋が架かっており、車が絶えまなく往来している車道の両端に、ここでは歩行者専用道路があり、バイクは入れないようになっている。

私は是非とも長江を一度足で渡って見たいと思っていたので、雄大な長江の景色を左右眺めながらゆっくりと歩いてみた。

遮るものがない為やはり風が非常に強い。しっかり手摺に掴まっていないと時折身体がずずっと動かされてしまう。

ここでは南京で見た時の長江より行き交う船の数が断然多いように思える。いろいろな船が通っており、それこそ大小様々で、コンテナー船や遊覧船もあれば輸送船や漁船、小さいボートも通っている。おもしろいのが、それらの船が皆2列縦隊でほぼ等間隔で整然と運行されている。

確かにこれだけ船が多いとそれぞれが勝手に運行していたら事故につながる可能性が高く、河を通るルールがちゃんとしっかり決められているとは思うが、日本のどんな大きい河川でも2列縦隊で船がどこまでも連なりながら通っている姿など見たこともないし、また想像も出来ないので、非常に興味深く見えた。やはりさすが大河長江のなせる光景である。

武漢は大小百余りの山々が三鎮（武昌、漢陽、漢口）にまたがり、２００近い湖が点在している。

その中でも一番大きい湖が東湖で、面積が33平方キロに達し、中国で最も大きい市街地にある湖である。

その東湖の市街地側湖岸に有名な国立武漢大学がある。

ここは湖と緑に囲まれた環境抜群の大学で、キャンパスの広さは半端な広さではない。

日本では広さを表す目安としてよく東京ドーム何個分などと例えられるが、ここは一体何個分あるのか数えられない程とてつもなく広い。そしてこの大学が有名になっているものの一つはキャンパス内にある数千本の桜の木である。

この桜の最初の由来は日中戦争時の1939年に旧日本軍の少将が50本ほどの桜の木をここに植えたのが始めで、その後1972年に日中国交正常化を祝うために日本の田中角栄元首相が中国の周恩来元首相に1千本寄贈したと言われている。

その後、日中国交正常化十周年、二十周年等に枝垂れ桜や他の種類の桜が次々と寄贈され、キャンパスが今日のこの一大桜園のある姿になったようである。

残念ながら私が訪れたのは2月だったので、桜の花は見ることは出来なかったが、キャンパスを歩いていると確かに各種の沢山の桜の木が植わっているのを見ることが出来た。

この大学の学生数は院生、留学生を含めると全部で6万人近い学生が居り、さらに教授、講師や事務職員等を合わせると凄い数になる。このため大学の中に病院、警察、消防、郵便、保育園、幼稚園、スーパー、食堂、清掃、修理等々必要な関連施設は全て入っており、それらの施設で働く人々の数も入れると、とてつもない数になる。そしてそれら関連施設で働く人々の住居も数多くある。従って完全に一つの町の自治体を形成しており、キャンパス内の番地も幾つもに分かれている。

武漢大学は海外の大学や教育機関との交流も活発で、米のハーバード、エール、英のケンブリッジ、オックスフォード、日本の東大等世界で60ヶ国以上200余りの大学と交流協定を結んでいる関係で海外からの留学生も多く、また交換留学で世界各国へ行く学生も多いようだ。

図書館の蔵書が約700万冊あるというのも驚きであり、因みに日本の大学図書館としては日本で最大級の規模を誇る早稲田大学の蔵書数500万冊を上回っている。


私は超広いキャンパスを一通り見て回ったが、もう完全に歩き疲れて裏門から出てすぐの所の眼前に広がる東湖の湖岸で一休みすることにした。

東湖は市街地の中にある湖としては、とてつもなく大きい湖で、私も以前行ったことのある同じ市街地の真ん中にある大変美しい湖として有名な杭州の西湖と比べると6倍の大きさであり、そしてこの湖には何と70種類にも及ぶ淡水魚が生息しているという。

また東湖風致地区には桜花園があり、1万本以上の各種の桜が毎年3月下旬頃に一斉に花を開き、夜桜祭りが行われるという。


東湖の南側にはスケールの大きな（面積200平方キロ）新技術開発区、いわゆるハイテク産業が集まるテクノパークがある。光電子やバイオ関連が主体で、中国の中でも最高レベルの国家モデル開発区に認定されている内の一つであり、日本からもNECや住友電工、また電装など自動車部品メーカー等々かなりの数の企業がここに進出している。

湖北省の省都で、中部地域最大都市の武漢は従来中国沿海部中心だった外国企業を中央部に呼び寄せる為、北京、上海、広州、重慶との間の真ん中に位置するという交通の利便性や人件費の安さ等の経済的な優位性をアピールしながら海外からの有力企業を積極的に誘致し、新たなる生産、物流拠点として急速な経済発展を遂げている。

またインフラ整備も急速に進みつつあり、今まで無かった地下鉄や道路整備などの工事現場が何と5千ヶ所近くあると言われている。

それもそのはずで、現に市内を歩いていると、そこかしこで工事現場にぶつかる。市内地図を頼りに方向を定めてどんどん歩くと、地図上では行けるのに急に行き止まりになってしまう事が多い。そのほとんどが工事による道路封鎖である。

ライトレイルと地下鉄合わせて12路線を計画しており、長江の地下に道路と地下鉄を走らせる計画もある。これは2017年に開通を予定している。

武漢の急激な工業都市化が一体どこまで進んで行くのか、末恐ろしい感じさえする。

そしてここは労働力も豊富である。いろいろな大学が密集していることもあって、人口構成比で何と20％以上が20代であり、優秀な人材も集まって来ている。

中央の大通りの一角で大リクルート展が行われていた。かなりの数の企業が出展してブースを構え、そこに大勢の若者が集まっていた。

掲示板でいくつかの企業の給与条件を見てみたら月給3千元～5千元位が主流で、やはり上海や北京などと比べると給与水準は一段低いようである。

中国華中の中核都市としてこの武漢が将来どこまでの発展を遂げるか非常に楽しみではあるが、やはりここでも日中、天気は晴れているようなのに、大気汚染なのか、何か霧がかかったように霞んで見えるスモッグのようなものが気掛かりではある。

6. 悠久の香り漂う西安

4月半ばの体育祭休暇を利用して西安に行った。

鄭州西安高速鉄道が2011年に運行開始したことにより、従来特急でも6時間以上掛かっていた鄭州―西安間550㎞が何と2時間半で着いてしまう。

西安は陝西省の省都で中国西北地区の中で最も大きい都市であり、その昔は〝長安〟と呼ばれ、日本でも非常に馴染みの深い所である。

西安は周、秦、漢、晋、隋、唐など全部で13の王朝がここに都を置き、中国の最大古都として三千年以上の歴史を持っている。

特に秦の始皇帝が始めて中国を統一支配した都市としての存在感が大きく、かの有名な兵馬俑を初めとして数々の遺跡がごろごろある。重要文物遺跡だけでも3百ヶ所以上あり、通常の遺跡や陵墓を合わせると何と四千ヶ所を超えると言われている。

始皇帝とは文字通り中国で初めての皇帝という意味で呼ばれた俗称で、本当の名前は政皇帝と言い、「政治」という言葉の由来はここから来ているようである。

私はこの兵馬俑他の遺跡見学の為、現地の小さな旅社のガイド付き観光マイクロバスで回った。

兵馬俑《へいばよう》（中国語読みでビンマーヨン）とは古代中国で死者を埋葬する際に副葬された兵士及び馬をかたどった等身大の土偶（土人形）であり、１９７４年にこの地域の住民が井戸を掘ろうとして土を掘っていた際に偶然発見されたことで世界的なビッグニュースとなった。その後本格的な発掘調査がなされ、大量の兵馬俑が次々と発掘され、現在でも継続されている。

調査・研究が進むにつれ分かってきたことは、兵士だけではなく宮殿のレプリカや文官、芸人等の俑も発掘されていることから、身を守る軍隊だけではなく、生前の始皇帝の生活そのものを来世に持って行こうとして造設された可能性が高いと考えられている。

始皇帝がいかに絶大な権力とカリスマ性を持ち、後世へも大きな影響を与えて行った人物であるかが読み取れる。


この兵馬俑がある場所は西安市内から北東へ35㎞程離れた郊外にあり、正式な名前は秦始皇帝陵博物館の中にある秦始皇兵馬俑博物館で三つの巨大な体育館のような建物に並べられており、基本的には発掘された順にそれぞれ展示されている。

兵馬合わせて全部で８千体が展示されているが、驚いたのは、よく見ると兵士の顔形が皆それぞれ異なっているという事が分かる。実際にどれ一つとして同じ顔をしたものは全く無いようである。また馬は等身大ではなく実際の二分の一の大きさになっている。

上　：ライトアップされた鐘楼は西安市街の夜を飾る
中　：楊貴妃が好んで暮らした温泉保養御殿、華清宮
下左：古城壁に沿って延々と連なる野外卓球台
下右：古城壁から見た西安旧市街の街並み

上：西安兵馬俑博物館入り口
中：兵馬俑博物館のスケールの大きさに圧倒される
下：馬俑は実物の二分の一の大きさ

兵俑は足から上の部分は中空で、別に作られた顔と手足は後から接合している。その為か首や手のない兵俑も多く見られる。

当時選りすぐられた陶工が全国から集められ、黄土と適量の石英砂を使い、窯釜で塑像を作成した後、彫刻彩色して完成させたもので、塑像の彩色はそれこそ見事な色合いとデザインが施されていたと推測されているが、残念ながら２２００年間の湿気等で色あせ、ほとんどその色彩の美しさの面影を見ることは出来ない。

それにしても2千年以上前にこのような大きな物体を何千体もしくは実際は何万体かも知れないが、窯で焼き彫刻した上に彩色までしていたとは想像を絶する思いであり、しかも２２００年もの長い間、地下に眠っていた兵士達が長い眠りから覚めて、今にも飛びかからんばかりの精悍な顔つきと体つきをリアルにかつ精巧に描いているのにも驚きである。

そしてこの兵馬俑から少し離れた所に、かの有名な楊貴妃が別宅として住んでいたと言う温泉保養地「華清池」がある。

楊貴妃は大のお風呂好きであった為、この温泉地に玄宗皇帝が楊貴妃の為に宮殿式建築の超豪華な湯殿を建て「華清宮」と名付けた。

楊貴妃は元々玄宗皇帝の子、寿王の妃であったが、あまりに美人で聡明な為、玄宗の後宮に入って皇后と同じ扱いを受け、玄宗が秋から春にかけてこの地に住まわせ、寵愛したと言う。

華清宮には玄宗皇帝や楊貴妃専用の大きな湯殿があり大理石に蓮花や芙蓉花の彫刻が施され、その他にも楊貴妃が湯浴みする長湯など16ヶ所有り、当時としては超豪華絢爛の温泉保養御殿だったことを感じさせるが、今は色彩がほとんど無くなっている為、だだっ広い湯殿としか映らず、ある種異様な感じさえする。

そして庭園の前には楊貴妃の大きな裸像モニュメントが飾ってあり、そこで観光客が一様に記念写真を撮っている。その横には大きい水飲み場のような所に温泉が吹き出ているのを皆、手をかざして楽しんでいる。

この辺になるともう明らかに観光客用にあしらえた客寄せサービス用見世物に過ぎないが、それでも凄い数の観光客で賑わっているのである。

華清池は唐の玄宗と楊貴妃のためにだけあったのではなく、古くは3千年前の西周時代から温泉地として開かれていたようで、秦の始皇帝を始め歴代皇帝の保養地として利用されて来た。また中国史上重要な西安事件の舞台となった所でもある。

西安事件とは1936年12月に西安において発生した張学良一派による蒋介石襲撃、監禁事件である。

当時、日本の華北方面の侵略が激化していたにも拘らず蒋介石の国民党政権は共産党の討伐を優先し、その上で外敵と戦うという政策に固執していた。一方旧日本軍によって中国東北部（旧満州）の故郷を奪われ、父である張作霖を失った張学良は、初めは共産党の掃討に従っていたが、抗日救国の思想に目覚め、共産党との戦闘に消極的になっていた。

共産党討伐が一向にはかどらないのに業を煮やした蒋介石が張学良の東北軍と楊虎城の西北軍の二人の将軍に督戦するために南京から西安にやって来た。

この時逆に張学良が蒋介石に対し、「今はもう内戦をしている時ではない。中国人同士の内戦をやめて一致団結して日本と戦うべき」として内戦の停止を呼びかけたが、蒋介石は全く聞き入れてくれなかったため、仕方なくこの華清池の五間庁に泊まっていた蒋介石を襲撃した。蒋介石は命からがら裏山に逃げ、岩間に隠れていたところを張学良の護衛兵が見つけ、監禁された。

この西安事件が大きなきっかけとなり、毛沢東が周恩来を派遣して蒋介石と何度も会談した後、ついに「国共合作」が成立し、内戦をやめて抗日民族統一戦線の体制を固めたわけである。

もしこの地で蒋介石が殺害されていたら、とりわけその後の台湾の歴史は大きく変わっていただろうとも思えるが、それはあくまでタラレバの世界であり、もし三国志に出てくる魏の曹操が赤壁の戦いで実際に殺害されていたらとか織田信長が本能寺の変で殺されなかったら一体その後の歴史はどうなっただろうか？　というのと同じで、想像を膨らませるのは興味あるが、果たして一人の人物だけで歴史は一体どこまで変えられるのかという事になると少しクエスチョンマークが付くのかも知れない。

西安で私が一番気に入った所はやはり何と言っても市内のど真ん中に大きく張り巡された古城壁で

ある。

西安古城壁は唐の長安城を基礎にして明の洪武年間にレンガを積み重ねて築かれたもので、完全に保存されている世界最大の古代城壁として世界的にも有名である。

この城壁は日本の皇居のお堀を何倍にも大きくしたような、東西に長く南北に短いやや長方形で市内の中心部を囲んでいる。

周囲約14㎞、高さ12m、底の幅18m、頂部の幅15mで幅（厚さ）が高さより大きいのが特徴で、堅固な城壁である。東西南北に大きな門がそれぞれ一つずつあり、東の長楽門、西の安定門、南の永寧門、北の安遠門と呼ばれ、どちらの門からも入場できる。

この中で西の安定門が最大の門であり、かつてはシルクロードの発着地点として栄えていたと言う。

非常に興味をそそるのは城壁の頂部は周囲全部つながっており、一周して上から西安の街を観光できるということである。

そして各起点にレンタサイクルがあり、90分単位で自転車を貸してくれる。自転車で見ながら一周するとちょうど一時間半位の時間になるという設定である。因みに歩きだと一周4時間位は掛かると言う。

私もこのレンタサイクルを利用して上からの景色を楽しんだ。下が石畳なので自転車をこぎづらいが、ゆっくり走るのでさほど支障はない。

12mの高さからの眺めは快適で、ある程度遠くの方まで見渡すことが出来る。最初に目に飛び込んで来たのは西安の旧市街で、かなり昔風の伝統的な建物が軒を連ねている。

屋根の形と瓦の色とデザインが特徴的で、何とも言えずしっとりとした味があり、心が和むような感じにさせてくれる。


少し行くと城壁に沿った長細い広場で市民が青空卓球をやっている。一体何台の卓球台があるだろうかと思える程、凄い数の卓球台がずらっと連なって並んでおり、そこで人々が夢中になって卓球に興じている。

中国の人は室内スポーツでも麻雀、将棋等のゲームでも外で楽しむケースが多い。勿論、土地に余裕があるせいもあるが、雨が余り降らない（特に内陸部は）のと人目を余り気にしないという事で、外で気楽にストレスを解消している場面をよく見掛ける。


そして更に進むと西安の中央駅が見える。これは在来線の駅で新幹線の駅はまた別の所にある西安北駅であるが、この在来線の西安駅の方が圧倒的に人の数が多い。

さすが大きな駅で、駅前広場でまるで何か集会でもあるかのように大勢の人達が大きな荷物を抱えながらたむろしていて、全体に騒然とした空気が流れている。

この城壁の内側に目を転じると、整然とした区画の中に寺院、博物館、公園、ホテル等が見えてくる。ホテルやオフィスビルは古都をイメージさせるような城郭風の建物が多く優美な感じを受ける。

また大通りが交差するロータリーの真ん中にドーンと幅をきかせて建っている鐘楼があり、この鐘楼から広場一つ隔てた西側に相対するように建つ鼓楼がある。

この二つの楼閣は双子のような存在で姉妹楼とも呼ばれ、明代のほぼ同年代に建てられた。

鐘楼は楼閣の上に大きな鐘があり、元々長安の街中に毎日この鐘を鳴らして時報代わりに時を告げていたと言う。

地下入口から中に入り、石段の階段を上って行くと鐘楼の台の上に出る。この台座の片隅に鐘楼の由来となっている大きな鐘が吊るされている。

そして楼閣の中に入ると明代当時の衣装を身に付けて銅鑼などを利用した生演奏が小さなステージで行われている。銅鑼独特の柔らかい響きが古代へと誘う感じがする。

一方鼓楼は地上から入れる。中に入ると直径2m位の大きな太鼓と24ある中太鼓が表側と裏側に12張ずつ一列に並んでいるのが目を引く。

実はこの24の太鼓には二十四節気の文字がそれぞれ刻印されており、台座の奥にその節気の説明が記されている。

二十四節気は中国戦国時代の頃に太陰暦による季節のズレを正し、一年を春夏秋冬の四つの季節に分け、さらにそれぞれを六つに分けた二十四の期間を表すのもとして使われており、例えば日本でもよく使われる夏至・冬至の二至、春分・秋分の二分を合わせて二至二分といい、立春・立夏・立秋・立冬を四立と呼びこれらを合わせて八節と言われている。

さらにその八節の間にそれぞれ二つずつの季をはさみ（例えば大寒とか大暑とかであるが、日本で使われていない季もある）、二十四節としている。

そう言えば中国の暦では何々節というのが覚えきれない程やたらに多いが、確かに現代の中国でも陰暦と陽暦を併用し、誕生日も同じ年に2回あるという変則的な暦を使用している（誕生日祝いは主に陰暦の日で行われる場合が多い）ことから、一年のこの節が生活の上でも重要な意味を持っているのかもしれない。

因みに中国のカレンダーは陽暦の下に必ずと言って良いほど陰暦が載っている。そうでないとその年の春節がいつから始まるのかとか何節は今年はいつだとかがすぐには分かり難いからである。

この鐘楼と鼓楼は西安だけでなく、北京他にも同様なものがあり、やはり二つの建物がセットとなって、通常は東に鐘楼、西に鼓楼を置き、古代より早朝に鐘を鳴らし、夕べには鼓を打って節や時報を知らせていたようだ。

この二つの建物は夜になるとライトアップされ、一段と素晴らしく華麗な姿に変貌する。

その様は古都西安を浮き上がらす象徴的な建物として燦然と輝いており、本当に素晴らしい景観である。

話は大分逸れてしまったが、この古城壁の上から見る景色の移り変わりを楽しみながら、ふと時計を見るともうそろそろ90分のレンタル時間に近づこうとしている。

少しゆっくり周り過ぎたようだ。慌てて全速力で自転車をこぎ石畳の道をガタゴト言わせながら何とか時間内に一周して元の場所に戻ることが出来た。

ゆっくり周るのには90分はちょっと短いような気もしたが、古都西安の景色を十分堪能することは出来たので、他の都市では経験できない貴重な古城壁の上からの市内散策ではあった。


西安は日本との関係が深いが、特に唐の時代に日中両国の往来は極めて頻繁に行われ、日本からは度々留学生や留学僧を含む遣唐使を長安に派遣した。

阿倍仲麻呂は長安に54年も住み、宗教と文化の伝播と日中両国の友好に貢献したと言われている。日本の僧侶、空海は青龍寺で密宗の法を受けて密宗文化を学び、漢学の研究にも力を入れて日本に持ち帰った。

一方唐の僧侶、鑑真和上は遣唐使で派遣された二人の僧侶からの強い誘いに応じ、玄宗皇帝の反対を押し切って、何と65歳の時に次の遣唐使の帰り船で、凄まじい嵐の中やっとの思いで日本に上陸し、日本に仏教を広め、唐招提寺を建立したと言われる。

当時の先進国中国から日本はこの時代に仏教、漢字、建築、教育、文化等々様々なものを取り入れ、その後の日本の文化や生活様式に非常に大きな影響をもたらした事は疑う余地の無い事と思われる。

その意味でも西安は日本の歴史において貴重な役割を果たした都市と言えるし、またシルクロードの発着地点として世界的にも多大なる役割を果たして来たと言えるであろう。

第4章　チャイナ・インパクト

1. ゴミ清掃員は失業対策になる

中国人民の中で最も多い職業は何かと問われた場合、やはりゴミ清掃員ではないかと思わず言ってしまうほど、どこに行っても圧倒的な数の清掃員が居て、非常に目立つ存在となっている。

道路や広場でゴミを捨てる人が多いが、それを清掃員の人達は咎めるのではなく、あたかも待ってましたとばかりにすぐ駆け寄って来てゴミを掃いている。

道路、公園、駅、観光地、イベント会場等々、どこでも沢山の掃除人（女性も男性も）をよく見掛ける。大方派手な赤とかオレンジ色の制服を着ているので余計目立って見える。

驚くのは何と車がビュンビュン走っている高速道路の両端で掃除している光景を見掛けることであり、車から見ると危なくてヒヤヒヤものであるが、清掃員達は平然と仕事をしている。

屋外だけではなく勿論、屋内にも大勢の清掃員がビルや飲食店等店舗に常駐している。

セルフのレストランやマック、KFC等のファーストフード店でも買う時は飲食物を自分で席まで運んで行くが、食べ終わったら食器類をそのままにして帰って行ってしまう客が多い。しかも必ずと言っていいほど食べ残しがある。

それを清掃員が当たり前のように文句一つ言わずに大きな丸い缶を引っ提げながら、残飯整理して、食器、紙、トレーをちゃんと片付けている。

私も最初の頃は、ファーストフード店等での日本の習慣が身に付いていて、食べ終わった食器類とトレーを持って行こうとすると店員に「いや、そのままにしておいて！」と半ば強要するように言われる。

それというのも実は片付け専門の店員が居て、彼等がやるようになっており、自分で片付けると結果的に彼等の仕事を奪ってしまうからである。

何で？　それならセルフの店なんか必要ないじゃないかと思われるが、それはそれでマック、ＫＦＣ、スターバックス等外資系ファーストフード店の世界共通のやり方は変えることは出来ないので形はセルフにしてはいるが、それらのブランドで客を呼んでいるわけで、まだまだ他国と比べて安い人件費のことは余り気にせず、言わばセミセルフ形式を取っているのである。

それは長年、中国人民の生活習慣の中で、元々セルフの店には慣れていないため自分で後片付けまでやらなければならないという意識は非常に薄く、店側としても敢えてそれを強要しないで、お客の習慣に合わせてやっていると言っていいだろう。そもそも中国人の生活習慣の中でセルフはそぐわないのである。

ファーストフード店に行って、まだ飲食中にちょっとトイレに行って戻って来ると、もうテーブルには何も置いていないという事があった。

一瞬席を間違えたかなとも思ったが、やはり自分の席の物がきれいに片付けられていることが分かった。

あれっおかしいな？と思ってすぐ店員に文句を言ったら、「もう帰ったと思ったので……」と言って、特に謝りもせず新しいものを持って来てくれたが、セルフなのに客がちょっと席を立つとすぐ店の清掃員がやって来て片付けを行ってしまうというのも一つの習慣になっており、店付き清掃員が常に手ぐすね引いて待ち構えていると言う事になる。


中国では屋外でも屋内でも必ずゴミ箱は置いてある。

それは日本の駅や公園や観光地に置いてあるゴミ箱の数の少なさと比べものにならない位圧倒的に数が多い。

日本では最近戸外でゴミ箱を見つけるのに苦労するが、中国ではゴミ箱は多いが、それでもすぐには見つからなくてどうしようかと迷っていても、すぐ清掃員が近づいて来て、手を広げて受け取ってくれる。これは本当に有難いし、非常に便利ではある。

ゴミ箱の種類、形は全て一定で、それはあたかも日本の郵便ポストの窓にある一般郵便物とハガキ類の二つに分けられているのと同じ様に、「回収可」と「回収不可」の二つに分けられて並んで置いてある。

これは勿論リサイクル出来るものと出来ないものとで分けているということで、ゴミ箱の色ではっきり区別してあり、回収可が緑色で回収不可が黄色である。ところがそれでもちょっと中を覗いてみるとゴミの種類はその通りちゃんと分かれていないで、ゴチャゴチャに混ざって入っている場合が多い。

それは恐らく人々の環境意識がまだまだ希薄だからであるとばかりは一概には言えない。

それはある意味で日頃からの教育とか説明の問題と関係があり、何がリサイクル可で何がリサイクル不可なのかを瞬時に判断し、見分けて捨てるのが難しいからである。

人々は恐らく「そばに分別の分かり易いインストラクションさえあれば、我々だってちゃんとやるのに」と言う人も居るかも知れない。

一方で通常少し歩けばゴミ箱があるのに、其の辺に投げ捨ててしてしまう人が多い中で、「ゴミを其の辺に捨てないでゴミ箱に捨てに来るだけでも十分だろう、いちいち分別なんて面倒臭い」という意識が働く人も居るのは確かであろう。

この広い中国全土で一体どの位の清掃員が居るのだろうかと思う時、恐らく想像を絶するような数が出て来るであろう。

実は最近、中国のある地方自治体で街の清掃員やゴミ回収のトラック運転手など美化作業員を募集した所、募集定員に対して25倍の応募があったようだ。しかもこの応募者の４割位が大卒者で、大学院卒も含まれていたと言う。

この美化作業員の平均年齢は従来より大幅に下がって来て、高学歴化する傾向にあり、それが益々拍車が掛かって来ているようだ。


このような高学歴の若者が清掃員のような単純労働への就職を希望する背景としては、700万人以上の学生が大学を卒業しても、100万人近くの大卒者が「卒業即失業」という事態になっており、仮に就職できたとしても待遇が悪く不安定で給与も低いという実情を考えると多少給与が低くても「準公務員」としての待遇を受けられる清掃員のような職が比較的高学歴な人材にも注目され始めているようだ。

それほど現在の中国は雇用バランスが狂ってきており、大学生の就職難は日本以上で日本でもかつて使われた「就職氷河期」という言葉が中国でも今使われ始めている。


中国経済も一時の絶好調の時から見ると下降線を辿って来ており、一方で大学生の数が日本とは逆に年々増えているという現状を考えた場合、この先雇用問題が更にクローズアップされて来るのではないかと懸念される。

こう言った中で、清掃員が益々注目されてくるわけで、仮に「人民は無闇にゴミをポイ捨てしないようにしよう！」とか、「施設はなるべくきれいに使うようにしよう！」とかのキャンペーンをいくら行ったとしても「そんな事をしたら清掃員の仕事が段々無くなってしまうだろうに！」と言う声が出て来る可能性がある程、清掃員は失業対策にかなり役立っているのではないかと思われて来ている。

従って日本ならゴミのポイ捨てやセルフ店での飲み残し、食べ残しを目撃しようものなら周りの人が注意しないまでも、目を三角にして凝視するところだが、ここ中国では周囲の人もほとんど気に止める人は居ない。

それは清掃員がすぐ片付けてくれるのだからいいとか、清掃員の仕事を奪ってはいけないとかいうような自然の感覚が人々の間に身に付いていて、習慣化されているのではないかとも思う。

中国人民がこれまでの生活習慣の中でゴミには無頓着になっていて、全く気にならない人種であるなどとは決して思いたくはない。

それは清掃員達の仕事を極力奪わないように有形無形のかたちでサポートしている実態があるのではないかと思われるからである。

2. 中国では自殺者が多くなっている

元々中国は日本と比べるとそれほど自殺率は高い国ではなかったが、最近自殺者が急増していると言われている。

かつて日本は13年連続して自殺者が年間3万人を超え、人口に対しての自殺率も高いことから「自殺大国」と呼ばれて来たが、ここ数年は2万人台になって来ており、少しずつ減少傾向にある。

ところが逆に中国では年々増え続けており、最近では年間35万人に達していると言われ、この内うつ病が原因とされているのが25万人にも上るとされている。

現在、中国人のうつ病患者は6千万人近く居ると言われ、何らかの精神疾患患者を合わせると1億人近い精神疾患患者を抱えており、特に若年層に多く見られると言う。

それは大学生の数が年々増え続けている一方で、まともに就職できない学生が極めて多くなって来ており、一人っ子政策によってここまで親の期待を一心に受けて育って来た子供達が強烈なプレッシャーを抱えながら、ストレスに耐えかねて自殺に追い込まれるケースが増えていると言う。

そして仮にまともな職に就いたとしても過激な競争社会に着いて行けずにうつ病になって自殺する

人も多いと言う。

私がこれまでいろいろな中国の人を見て来た中で、中国人はそんなにプレッシャーに弱く、神経も細いなどとは決して思っていなかった。むしろその逆の感覚であった。

ところがどうも最近の若者はストレスを感じ易く、プレッシャーに弱くなって来ているようだ。

元来中国人は概して楽天家であり、余り細かいことは気にしない国民であるという認識が強かったが、意外と最近の若者は一概にはそれに当てはまらないのかもしれない。

そう言えば私の学生達との会話の中でもプレッシャーという言葉が頻繁に出て来る。

中国語でプレッシャーの事を「圧力（ヤーリ）」というが、これは主に精神的な圧迫という意味で、この「圧力」が掛かることを極端に恐れており、試験の時など、仕方の無い場合を除いては出来ることなら極力「圧力」を避けたいと念じている。

また若者向け雑誌や広告等でもこの「圧力」という言葉がよく出ており、特に多いのが「没有圧力」、つまり「ストレスが全く掛からない」という意味での一種の宣伝文句がよく見られる。

ちょっと昔はスポーツ競技でも何でも、日本の選手はすぐ緊張し易く本来の力が発揮できないのに対して、中国人は本番でのプレッシャーに強く、緊張や動揺など全くしない国民であるというイメージが定着していたが（これはそういうイメージが強すぎただけかもしれない）、最近ではプレッシャーに弱くなって来ている傾向にあるのかもしれない。

かつての日本の自殺の名所、福井県の東尋坊の様に、中国で自殺スポットとして有名なのが南京長江大橋からの飛び降り自殺で、年間2千人以上もいるという。

これは長江に架かる大橋から水面までの距離が70mあり、飛び降りたらほぼ間違いなく死ぬからであるらしい。

また最近では青島に新しく出来た世界一の海上大橋からの自殺者が増えて来ているといい、各地からこれらの自殺スポットを目指してやって来る人達も多いようだ。

ただこれらのスポットに立ってから、わめき散らしたり、その場に座り込んだりして時間が掛かり、警察や傍に居る人などから説得されて、半数以上は未遂に終わるという。

一方、都市部ほどは目立たないが、実際は農村部での自殺者が多く、特に女性の自殺者は都市部の約3倍の多さであるという。

これはまだ一部にある中国農村社会の封建的な婚姻の考え方に由来しており、結婚の時に親族間で取引を行い、新郎側の家が金を出して新婦を「買う」という形をとって、新婦は新郎側の「家の一部」になって酷使されるという。

この一部でまだ残る中国の伝統的な考え方「男尊女卑」の犠牲になっている農村女性が過酷な苦しみに耐えかねて農薬等を飲んで自殺するケースが多いという。

また最近では政府、地方自治体による農村部での都市開発の拡大化で今までの家や耕地を失ってしまう等の失望感によるものも増えているようだ。

全体の自殺者の中で女性の数の方が男性の数より上回っているのは中国だけで、これはこの農村部女性の自殺率の高さがかなり影響していることになる。

都市部若年層の自殺の増加も大きな問題であるが、同時にこの農村部の問題も今後中国が抱える大きな課題となることが懸念されるのである。

3. 中国式地下避難壕、いわゆるシェルター

中国各地を歩いていると、地下避難壕（いわゆるシェルター）が結構多くあるのに気がつく。それは核シェルターとしての機能もあるのかどうかは定かではないが（多分あるであろう）、基本的には自然災害やテロ・戦争から身を守るための施設である。

勿論それは日本でも最近宣伝販売されている個人の家庭用のものではなく、国及び地方自治体の施設の事で、規模としてはそれぞれの場所で大きく異なると思われるので、収容スペースが一体どの位の規模であるのかは分からないが、有事の時に人民が入れるようになっているようだ。

かつて中国とソ連の対立が深まっている頃、来るべき核戦争に備えて、当時の毛沢東が１９６９年北京の天安門広場の下に巨大地下壕の建設を開始し、10年かけて作り上げた巨大地下避難所は万里の長城よりも長いトンネルが張り巡らされており、現在も使用可能だと言われている。

また最近では上海に20万人収容の巨大な地下シェルター施設を建設し、ショッピングセンター、オフィスビル街、アパート、地下鉄等に通じる計15以上のトンネルの入口があり、水、食料、電気、空調、照明等の設備が備わっており、最低でも２週間位の滞在が可能だという。

これ以外にも恐らくかなりのシェルターが全国各地に施設されているものと思われるが、勿論、軍事上の機密に関係するような、一般には知らされていないものも相当数あるはずである。

周囲を10ヶ国以上の国と接していて、いつ、何が起こるか分からない地理的な位置や自然災害の多い国柄等を考えた場合、至極当然と言えばそれまでだが、歴史的に見てもこれまで数多くの甚大な被害を被ってきた中国が固い護りを堅持し、更に強固なものにして行こうという表れが見てとれる。

世界的に見た場合、統計によるとシェルターが最も普及している国はスイスとイスラエルであり、総人口に対して何パーセントの人がシェルターに収容できるかの値で言うと両国とも１００％である。

次に続くのがノルウェー98％、アメリカ82％、そしてロシア78％やイギリス68％で他の北欧諸国の値も高い。

それに引き換え日本は０．０２％というように数字にもならない低さである。

唯一の原爆被災国であり、そして東日本大震災による津波の被害や原発での放射能漏れ被害があって世界中を騒がせた国とは思えないほどの低い数字で、一体日本政府はいつも口癖のように言う「国民の生活と安全を保護しなければならない」という口先だけの言葉からいつ脱却し、実際に実行に移して行くのかが非常に疑問である。

次期東京オリンピック開催で大枚をはたくのもいいが、どうせ予算を使うのなら、これだけの大震災に見舞われ、放射能の驚異に晒された国が大規模シェルター一つ作ろうとしないのが不思議であり、今後も常に驚異となってくる大震災と原発での放射能漏れの可能性を一体どう見て行くのか、どう対処して行こうとするのかが全く見えて来ないのは非常に嘆かわしく、心配である。

しかしひょっとして我々国民が知らされていないだけで、日本にもちゃんと有事の時に使用できるような巨大地下避難所が備わっているのであれば話は別であるが……。

4．中国PM2．5の実態とは

私が最初に北京を訪れたのは2002年6月で、ちょうど日韓共催のワールドカップが行われた年と月であった為よく覚えている。

その時の北京の空はまだ青々としており、スモッグに覆われて太陽が見えないなんていう事はなかったように記憶している。冬場ではなかったからという理由も考えられるが、それにしても今ほどの大気汚染などなかったはずである。

その後何年か後に何回か中国各都市を訪問したが、北京だけでなく上海、大連、杭州、青島等、晴れているはずなのに何かスモッグが掛かっているような感じで空がスッキリ見えない。

そこで現地の人に「これスモッグではないの？」と訊いてみると、ほぼ返ってくる答えは一緒で「朝靄がかかっているんですよ、午後になればスッキリしてきますよ」とか「心配ないですよ、そのうち靄が消えて晴れてきますよ」とかいう答えで、「山の天気でもないのにちょっと変だなあ」と思いつつ、様子を見ていると太陽が出ているのに午後になっても一向に晴れて来ない。

当時、現地の人達は本当にそう信じて言っていたのか？　それとも外国人や観光客に対してはあまり大気汚染に関わるような事は言わない方が良いと思って、適当に取り繕っていたのかは分からないが、異口同音にそういう言い方をしていたのは、ひょっとして、そういう風に言うように教育されていたのかもしれない。

まあその頃は恐らくこれは単なるスモッグだと思っていたし、段々馴れっこにもなって来たので、さほど気にはならなかった。

ところが年を追うごとにこれがひどくなる一方で、大学教師生活の時に私が滞在していた河南省の鄭州・新鄭でも日中、日が差しているはずなのに何かどんよりとした薄いグレー色のベールに包まれているような感じで、この時でも充満する排気ガスが主な理由であろうという風に考えていた。

というのも、かつての日本（東京）でもこういう光景はしばしば見ていたし、光化学スモッグ注意報とやらも毎日のように出されていたので、まだ発展途上の中国にあってはちゃんとした排ガス規制もないし、やむを得ない状況位にしか思っていなかったのである。

しかもＰＭ２．５という言葉自体もまだなかった？　あるいはあったかも知れないが中国では報道されていなかったかである。

実はこのＰＭ２．５という言葉が世界的に大きく報道されるようになって来たのは、私が中国鄭州から帰国した２０１２年夏以降からであり、特に冬場の北京や河北省の大気汚染が更にひどくなって来た時期からである。

その後ずうっとこの問題は、まるでこれまで騒がれていたCO2削減問題に取って変わったように深刻な問題として頻繁に叫ばれるようになった。
それはこの中国を中心とした大気汚染がもし世界中に蔓延して来るとしたら、これまでのCO2による地球温暖化の問題以上に地球環境上に直接的なダメージを与える可能性があると危惧した為であろう。

そこでPM2．5とは一体何のことを言うのであろうかという事であるが、英語で言うparticulate matter（微粒子物質）の頭文字を取った言葉で、その粒子の単位μm（マイクロメートル）の大きさでPM10．0とかPM6．5とかに分けられ、特に粒子の細かいPM2．5が人体の呼吸器にまで入り込んで肺がん等の病気を引き起こす要因と成り得る危険性があるということである。

これは主に工場で質の良くない大量の石炭を十分な環境設備を持たないまま燃焼することにより出て来る煤煙、同様に一般家庭が冬場の暖房に一斉に石炭を使ったり、練炭を使って起こる煤煙、更には急激に増えてきた自動車のガソリンやディーゼルの排気ガス等が混ざり合って微粒子化し大気中に浮遊する物質のことであり、これが黄砂も一緒に伴うと更に拡散して行く可能性がある。
この浮遊物質が世界中に拡散することを恐れており、中国に対して（中国だけではないが）WHOがこうした「殺人大気汚染」を警告し、一刻も早く先進各国が連携し、改善の為の対策に取り組むよう要請している。

このような大気汚染等を中心とした環境問題は中国自体でも現在かなり大きな問題として取り上げられるようになって来ている。

例えば中国の天気予報でも、日本が春先、花粉情報を花粉指数で発表するように、中国各地でのPM2．5の指数を必ず発表するようになっている。

また河川の汚染や、その他環境破壊へ繋がる事柄への警告やその対策についても積極的に論議されるようになって来ているようだ。

しかしこのような大気汚染の問題は一朝一夕には解決できるような簡単な問題ではなく、以前の青空を取り戻すのはかなりの年月が必要となるであろう。


かつて日本の高度成長期にも大気汚染ほか様々な公害問題は大きな社会問題となって連日新聞紙上を賑わし、何十年の歳月を経てやっと改善されては来たが、今なお一部でくすぶっている問題や新たに発生している問題も起きている。

また米国も数十年前はかなりひどい公害問題で悩んでいた時期があったように記憶している。確か30年程前に出張でロスの空港に降り立った時、晴れているのにスモッグが厚く立ち込めていて着陸寸前まで下の滑走路が見えて来なかった事を覚えている。

これは一体どうなっているんだろう？　と当時としては不思議ではあった。

あの澄み渡ったカリフォルニアの青い空はロスでは見ることが出来なかったのである。

高度経済成長の後は公害が発生するのは必然的なもので、そういう意味から言うとインドの現状は今一体どうなっているのだろうかと心配ではあるが、あまり報道されないので詳しくは分からない。中国の場合は単なる高度成長によるもの以外の要因も含まれているかも知れないので複雑である。それは中国大気汚染の元凶が「ウラン混合石炭」ではないかと言う説があるからである。主に内モンゴルの石炭鉱山から採掘される石炭は多量のウランが含まれており、北方の火力発電所の周辺で異常に高い放射線が検出されたと言われている。

悪いことにここで生産された安価な石炭は中国全土に流通しており、インド、フィリピンや一部日本等にも輸出されていると言われ、これら使用地区から放射線被害がいつ出て来てもおかしくないという。

もしこれが本当のことであれば、福島原発の放射線漏れどころの騒ぎでは済まされないような大変な問題に発展しかねないのである。

中国において石炭はこれまで重要な燃料として位置づけられており、今のこの時代においてもなお欠く事のできない燃料として使用され続けていて、簡単にはすぐ使用を中止することは難しいかも知れないが、ＰＭ２．５発生の主原因が石炭から来ていると分かった以上は工場や一般家庭での石炭の使用量を極力制限すべきであり、ましてやこの疑わしい低質の石炭は一刻も早く出荷止めにする位の措置が必要とされる。

そうでないとどんどん増え続けている深刻な呼吸器系の疾患がＰＭ２．５より更に超微粒子のＰＭ０．５に発展していくことにでもなれば、中国人民だけではなく、近隣諸国や世界中に被害が広がって行く可能性すら否定できなくなる。

そしてさらにウラン混入の低質石炭が放射線を撒き散らす話が事実であれば呼吸器系疾患だけの問題ではなくなり、人類にとって末恐ろしい大問題に発展して行きかねないからである。

5. 地下鉄の中の物乞い

中国は社会主義の国なので物乞い（乞食）などは居ないはずだという一般的な社会通念とは全く裏腹に各地で物乞いをよく見掛ける。

特に地下鉄の中が多く、とりわけ上海の地下鉄の中では何回も物乞いに遭遇した。

ほとんどが身障者と健常者が二人ペアとなって、ラジカセで何か哀愁を帯びた音楽を鳴らしながら各車両を渡り歩いてお金を集めるケースが典型的なパターンである。

片方が失明していて、その手を引きながら哀れっぽく缶カラを持ちながら乗客の目を引きつけようとする者や「子連れ狼」に出てくるような特殊な車椅子に老人を乗せて歌を歌いながらお金を要求するというケースが多く、子供を使う場合もある。

身障者の方は顔が半分アザになっていたりして、哀れみというよりはむしろ恐怖感すら感じてしまう。

果たしてこの人達は本物の物乞いなのか、それとも物乞いを装った一種の仕事人（ニセ物乞い）なのかは、その場では俄かには判断出来ない。

つまり本当に目が見えなかったり、足が不自由だったりする人なのか、あるいは一旦外に出ればピンピンしている人達なのかであるが、どうもほとんどが後者である場合が多いように言われている。しかもそれは組織的に行われているケースが多く、上海市公安局はこれまで3万人余りのニセ物乞いの身柄を拘束し、そのうち5千人余りを行政処分したといわれる。

北京オリンピック直前に一掃したはずの物乞いがまた増え出しているようだ。


地下鉄8両編成の車両を端から端まで流せば1回で50元位にはなるという。これを1日10回行えば500元になるわけで仮に月20日やったとしても1万元（現在のレートで20万円弱）にもなり、平均サラリーマン月収の2倍、場合によっては3倍近くになる。

勿論ペアでやれば一人当たりはその半分となり、組織であれば多少の上納金が必要とはなるが、それにしても立派な稼ぎとなるわけで、〝職業物乞い〟と言われる所以である。

日本でもかなり昔は物乞いが出没する時代があり、「坊主と物乞いは3日やったら止められない」と言う言葉（諺）が流行る時代があったように、正においしい商売であることは間違いない。


一方、外の路上での物乞いにも何回となく出会った。

意外と多いのが路上に座り込んで、自分の立場の窮状を訴えた看板を首に下げたり、地面に置いたりして通行人に見てもらいながら、本人はただ黙って終始下を向いたままひたすら人々の同情にすがって、お金をお皿に入れてくれるのを待っているという図である。

文面の内容は色々で、例えば「父が博打にのめり込み財産を失い、そして母は重い病気になってしまい治療費も払えない状況で、小さい弟や妹は学校にもやることが出来ません。私は跪いて皆様の情けにすがるしかありません」とか「ある人から良い働き口があると言われ信用して着いて行ったら、騙されてお金を全部巻き上げられてしまいました。これからどうしたらいいか分かりません」とかで本当の事なのかどうかは分からないが、よく文面は考えられていると感心？　させられる。

勿論、超汚い格好をして階段等に座り込みながら、ただお皿を手にしてお金を待っているだけのいわゆる昔ながらのクラシックなスタイルの物乞いも見掛ける。

彼らが本当の物乞いかニセ物乞いかは別としても、言わば一種の職業として成り立っており、仮に公安局によって拘留されても2～3日で釈放され、また元の職場に戻って活動し出すと言われている。中国では合法／非合法は別として、数限りなく、ありとあらゆる職業がある。

それは誰もが食って行かなければならないと言う強いハングリー精神から来ていて、何でも仕事にしてしまう力がある。

何とか食って行こうとする強烈なパワーがほんの些細な事でも仕事としてクリエート出来る力を呼び込むのである。

日本ではまだまだホームレスが沢山居ると思うが、ただベンチや地下道でゴロゴロしながら、ゴミ箱の新聞や雑誌を、時には残飯を漁りながら生活している人が多い。

しかし物乞いは絶対にやろうとはしない。それは「恥ずかしくてそんな事は出来ない」、「そこまで落ちぶれたくはない」とか「日本人として、あるいは人間としてのプライドだけは失いたくない」というかっこいい理由からであろうが、もしそうであれば何かちょっとした事でもいいから仕事に結びつけて出来ないものであろうかと思う。

もっともそう言った気力を失った人達がホームレスになってしまうのであろうが、昔のヒッピー族でも無気力にゴロゴロしてはいたが、時には自分で作った指輪や首飾り等を路上で売って生計を立てていたように記憶している。

決して物乞いを肯定しようとは思わないが、ホームレスはともかくとして、何もしないで生活保護費だけをちょろまかそうとしているかの国のかの人達と比べたら、まだましな方なのではないだろうか。

6. 中国にカラスのいない不思議

日本ではどこにでもいるカラスが、どういうわけか中国ではほとんど見掛けることがない。最初の頃は「たまたま見なかっただけで、場所によっては沢山いる所もあるんじゃないかなあ」位に思っていたが、その後中国各地を歩いて見てもカラスを見ることがない。

一般的にはカラスの数はその国の人口に比例していると言われる。

昔ではあるがインドを旅した時には物凄い数のカラスがインド各都市に所狭しとばかりに溢れかえっていた。特にカルカッタ（現コルカタ）のカラスの数は半端ではなく、カラスが集団で鳴く轟音はまるで人間たちの騒音を掻き消してしまう位強烈な鳴き声であったことを今でも覚えている。

それなのにインドより更に人口の多い中国に何故カラスがいないのかが不思議である。

中国の人に言わせると中国では生ゴミを日本の様に袋でそのまま路上に出すことはしないで、必ず大きな蓋の閉まるゴミ箱に入れるので、仮にカラスがいても寄り付いて来ないからであると言う。

確かにそれは一理はあると思う。でもそれが果たして各地で完全に徹底して行われているかと言えば、やはり少し疑問が残る。繁華街などでは残飯や生ゴミの類が店先や路上に置かれている場面も見受けられるからである。

また、口さがない人は中国では何でも食にする文化があるので、カラスを食べてしまうのではないか?と言う人もいるが、漢方薬では一部使うかも知れないけれど、多分食すことはないだろうというのが一般的な見方である。

もし仮にカラスを食するのが本当だとしても、いくら何でもカラスがいなくなる程は食べないわけであるから、ジョークとしてあるだけで、これも恐らく原因としては当てはまらないであろう。

それでは一体何故?ということになるが、一つには大気汚染を含む環境汚染が大きな影響をもたらしているのではないかという説もある。

水の汚染も勿論そうであるが、特にひどい空気汚染がカラスにとって生息し難い決定的な理由となっているのでは?ということであるが、これもちょっと田舎に行けば少しは水や空気はきれいであるし、決してカラスが棲めないはずはない。

人間が棲むことができて、カラスが棲めないはずはないわけで、もしその事が本当であれば、カラスは余程人間よりセンシティブな動物であると言わざるを得ない。

そう言えばスズメもほとんど見掛けることがないという事を考え合わせると、最も有力な理由として考えられるのは毛沢東時代の1958年~1960年の大躍進政策において、農作物を荒らしたり、伝染病を媒介する四害（ハエ、カ、ネズミ、スズメ）の大量捕獲作戦が徹底的に行われた（四害駆除運動）時にカラスも一緒に大量捕獲して駆除したのではないか、それでカラスがほとんどいなくなってしまったのではないかという説である。

これはかなり信憑性がありそうな話だが、そうなると極端に言えば中国では何とカラスが将来、絶滅危惧種？の一つに数えられてしまう可能性すらある動物になってしまうということになる。

しかし実際にはそこまで極端に少ないはずはなく、街では普段見掛けないだけで、恐らく中国でも必ずどこかには沢山のカラスが棲息している地域もあるはずである。

ある中国人が言うのは、日本には野生のカラスが街に沢山いて、しかも人間を怖がらずにこぼれている人間様の餌を堂々と食い荒らす図は本当に信じられない光景で、中国では動物園でしかカラスは見ないと言う。

これは逆に日本人としては驚きで、カラスは野生以外にいるの？という感じで、ましてや動物園で飼われているなんて本当に不思議な感じがする。

元来、中国ではカラスは忌み嫌う動物の最上位ランクに入っている。

何故かと言えば、黒色は最も縁起の悪い色として嫌われているのに加えて、あの鳴き声は凶兆を表すものとして非常に嫌われている。

その為、昔からもしカラスを見たらすぐ捕獲して殺してしまう習慣があったのではないかと言う。

そう言えば中国では喪服も白であるし、普通の服装の色でも黒は滅多に見ることは無い。中国の諺に「天下烏鴉一般黒」というのがあり、「この世のカラスはどこへ行っても黒色だ」が「悪い奴はどこへ行っても悪事を働く」という意味に使われているように、黒色とカラスは言わば悪を象徴するものとなっているようである。

従って、逆に中国側から見ると、何故日本人はネズミは殺すのに害になるカラスを殺さないで放置して置くのだろうというのが不思議で仕方ないのである。

7. 中国の騒音と安静

騒音という単語を広辞苑で引くと「さわがしくやかましい音」と出ている。

昔からよく中国人は騒がしくて喧しい国民であるという評判が日本人の間だけでなく、他の外国人の間でも話題になることが多く、何と騒々しい人達だろうと思われている韓国人の間でさえ、そう思われているようだ。

しかしながらその音が騒音と感じるか、あるいはそれ程感じないかは意外と相対的な部分が多く、一種の慣れが大きく影響するのではないかと思う。

昔は日本でも子供の数が圧倒的に多く、大家族で育った子供達は小さい頃から騒々しい環境に慣れていた為、静かな所は却って寂しさを感じたり、薄気味悪さを感じたものだ。

それが逆に静かな環境で育った子供は人混みやら騒々しい場に遭遇すると居ても立ってもいられない程の息苦しさを感じることになる。

ところが例えば音楽での騒々しさであるなら全く気にならないどころか、快感を覚える場合があるかもしれない。

中国の人は概して声が大きく、話し方も力強いというか、場合によっては喧嘩腰に喋っているように聞こえるが、実はそれが普通であり、外国人から見れば一体何が起きたのだろうと思う時でも「別に何でもありません、日常的な会話ですけど……」という答えが返ってくる。

つまり子供の頃からずっとそう言う会話でやってきているので、習慣として身についており、恐らく何の違和感もないのであり、そして周囲の人も特にうるさいとは感じないのであろう。

昔から広い中国では言葉は多種多様でアクセントもイントネーションも違う者同士がしっかり、分かり易くコミュニケーションを取る為には曖昧な語調では通じないので、大きな声ではっきりと言わざるを得なかったのではないかと思う。


ところが自動車のクラクションの音となると少し話は別になる。

私が住んでいた新鄭でも大学の南側にある人民路というメイン通りでは、それほど車の数が多いというわけではないのに、どの車も引っ切り無しにクラクションを鳴らしながら通って行く。それはただ単に挨拶代わりに鳴らしているだけではないかと思える位、頻繁にクラクションを鳴らす。

一般的にクラクションを鳴らす時は相手の車と接触する危険性がある場合や通行人や自転車に危険を知らせる様な場合等に限られるが、まるで自己の存在を誇示するかの様にどんな時でもお構いなしに鳴らす。

まあ敢えて理由を探すとしたら中国人ドライバーは車と車の間を縫って、車線を頻繁に変える癖があるという事と横断歩道が少ないので通行人がどこでも道路を横切ろうとする場合が多い為、必然的にクラクションを鳴らす機会が多くなるという事であろうが、それにしてもクラクションを鳴らす回数が多すぎる。

これは何も新鄭だけのことではなく、勿論鄭州に行けばもっとひどいし、他の地方都市や田舎の町でも同じである。


このクラクションの音を果たして中国人民は騒音と感じているのか、それともほとんど気にならないのかと言えば、これも一種の慣れで、これまで聞いた範囲でも、感じ方のレベルの差こそあれ、とても気になるという中国人は余り居ないように思える。

一般に音の大きさはデシベル（ｄｂ）という単位で表されるが、生活音の基準が中国人と日本人では少なくとも倍半分以上違うのではないかと思える。

ところが中国人が日本へ来て生活し出すと、次第次第にこのデシベルの基準値が下がってくるのである。

つまり同じ音でも中国に居る時は何もうるさいと感じなかったことが日本ではうるさいと感じるようになってくる。

そしてその人達が中国に一時帰国すると、何て騒々しい国なんだろうと思えてくるのである。

しかしさすがに中国でも大都市においては最近クラクションの規制はかなり厳しくなって来てお

り、例えば上海では「クラクション禁止令」を発令し、違反者に対しては罰金を取るようにしている（200元位）関係でかなり改善して来ていると言われている。

そう言えば確かに上海の街はクラクションの音をあまり聞くことがない。効果が出ているということであるが、それもその筈で、ドライバーとしてはその都度200元の罰金を取られたらたまったものではないからである。

もう一つの騒音は携帯電話である。

中国での携帯電話の普及率は近年凄まじいものがあり、持っていない人が殆んどいない位、皆持ち歩いている。

現在中国での携帯電話契約件数は推定11億台近くになって来ており、誰もが一斉に携帯で話し出したら大変なことになる。

実際、バスの中や地下鉄、列車、新幹線、レストラン、ファーストフード店等どこでも皆大声で携帯で話をしている。日本のように特別な規制、呼びかけ等が全く無いようだ。

但しさすがに映画館だけは電源はオフにしている。

日本では全ての交通機関、公共施設、レストラン、コーヒーショップ等々ほとんどの所で携帯通話が禁止されており、電源オフかマナーモードにしておかなければならないが、もし中国でそれをしたら、人々はまるっきり日常生活自体が成り立っていかないような感じで、周囲の携帯通話の声が多少うるさかろうが、気にならないか気にしないようにしている。

それは同じように自分にもいつ電話が掛かって来たり、また掛けなければならない場面が来るか分からないからである。


従って着信音が鳴り響き、話し声が重なりあったりすると大音響となって周囲に響き渡るのであり、特に地下鉄など乗り物の中での携帯音は車両の轟音にかき消されるどころか、却って増幅されて凄まじい音響となって返ってくる。

ところが中国の新幹線に関しては日本と比べると揺れも少なく、音も比較的静かな為、なかなか乗り心地がいいなあと思っていると、皮肉なことにその分携帯の音が余計際立って聞こえ、凄く耳ざわりとなる。


またバスやタクシーの運転手までもが携帯で話しをしていることがよくある。

これはさすがに相手から掛かってくる時がほとんどではあるが、電源を切らないで必ず電話に出てしまう。しかも結構長い時間話をしている。

タクシーの運ちゃんに「そんなに話して危なくないの？」と聞くと「いやあ全然心配ないさ、任しときな！」と軽く受け流されてしまう。

ことほど左様に中国では携帯天国なのであり、当分まだ交通機関やレストラン等で規制がかかるような雰囲気は全く感じられない。

ただ騒音全体に関しては中国でも少しずつ改善の兆しは出て来ているようで、春節の爆竹だけはなかなか取り締まるのが難しいようだが、道路交通での騒音規制や、公共施設等における騒音も注意を促す張り紙や看板がちらほら見られるようになって来ている。

特に空港の出入国検査の所では必ず「静かにしてください」という意味の「保持安静〝バオチアンジン〟」という文字が大きく貼られている。

そしてまた中国では地下鉄、マンション、物流基地、ショッピングモール等の建設ラッシュが前よりは少しは鈍って来てはいるものの、まだまだ絶対数は相変わらず凄いものがあり、やはりこれら工事現場の騒音が結構凄い。

大声、クラクション、携帯、工事現場の音等々、これら騒音公害に成り得る音の程度を中国人民が生活の中で今後どう感じていくか？　相変わらず日常的な事として今後も余り気にしないで生活して行くのか、それともある種の違和感が出始め、少しずつ意識が変わって行くようになって行くのかが私としては非常に見ものではある。

8. 火災大国中国

中国の火災件数の多さは世界でも有数で、他を大きく圧倒していると言われている。

その中で無視できない件数の多さとなっているのが、旧暦大晦日から旧正月にかけての爆竹と花火が原因となって火事を引き起こすケースである。

よく中国の人から「日本の正月もやはり賑やかにお祝いするんでしょ？」と聞かれることが多いが、その都度「いえ、日本の正月は本当に静かなんです」と答えて、古くからの日本の正月の慣習を説明してあげると、「へえ、そうなんですか？　何で？」と信じられない様な顔つきになる。

それもその筈で新しい年をお祝いするのに、静かにお祝いするというのがどうにもこうにも理解できないでいる。「最大限賑やかにお祝いするのがお正月でしょう！」という感じで爆竹を鳴らし花火を上げて精一杯盛り上げるわけである。

それはお正月に限らず、中国人の爆竹や花火好きは本当に半端ではない。

そしてそれが火事を招く原因に成り得ることを知りながらも、なかなか止めることは出来ない。

火災避難用耐火防炎マスクが備わっているホテルもある

爆竹や花火は人里離れた所でやるわけではなく、街のど真ん中でやるのが多い為、周辺の建物に引火するケースが多く出てくるのである。

特に其処ら中で行われている建築工事中の建物の足場に引火することが多いようで、それは中国の建築工事現場を見ると分かるのだが、ほとんどが竹の足場を組んでいるからである。竹の足場に引火するともうひとたまりもなく火は燃え広がってしまうのである。

中国全土で一体どれだけ多くの爆竹と花火が使われるのか想像を絶するが、これを少しでも削減しないと火災件数もなかなか少なくなるのは難しいことかもしれない。


爆竹、花火によるものも確かに多いが、実は火災の原因のトップとして挙げられるのは電気のショート（短絡）によるものだという。

ショートするとその瞬間に火花が発生したり、大きな電流が流れて過熱し、配線被覆が燃え出して付近の可燃物に着火し、火災になることが多い。

コードの折れ曲がりによる配線被覆の損傷や延長コード／タコ足配線の乱用等による許容電流値を超えた過電流状態が主な原因とされている。

そもそもの電気設備施工不良（いわゆる手抜き工事）や電気機器自体の不具合、配電盤やケーブルの質が悪く劣化速度が極めて速い場合が多いようだ。

日本でもかなり昔はよく電気がショートするなんていう事があったが、今では殆んどそういう話を聞かない。

一般に中国のアパートやマンションは入口ドアーの外側に空き巣、泥棒対策として「防盗門」と呼ばれる頑丈な鉄格子が取り付けられていることが多く、セキュリティはしっかりと行っているが、逆に火事に会った時は人命救助が非常に困難になるという。

そして高層ビルや高層マンションが火事になった場合は、まだ消防署の高いハシゴ車が不足している為、放水が届かずに被害が大きくなってしまうようだ。

高層ビル、高層マンションの乱立に消防署の設備が追い付いていかない状態である。

また耐火性の低い建築物がまだ多い為、延焼が広がりやすい。

一方、中国では放火はどうかというと、日本ほどは多くないようで、例えばバスにガソリンを撒いて放火するとかのテロに近いダイナミックなものはあるが、日本のように夜中こっそり人目を忍んで、家や駐車場などに連続的に火をつけて回るというような陰湿な手口は余りないようだ。

日本の火事のかなりの部分は放火の可能性が大きいと言われているように、日本ほど火事の原因の中で放火のシェアが高い国は他にないのではないかと思う。

中国で気が付くのはどこへ行ってもビルや、宿泊施設、公共施設等の建物の中に大きい消化器がいくつも必ず置いてあるのが目に付くということである。そういえば大学の教師寮にも沢山置いてあった。

一体何でこんなに消化器がどこでも置いてあるのだろうかと最初の頃は不思議ではあったが、やはり過去からの教訓による備えとでも言おうか、これまでいかに火事が多かったかの表れであることが分かった。

まあ日本もそう言う所があるかもしれないが、火事の元を断つことに腐心するというより対処療法と言おうか、火事が起きた時のことを主に考えているように見える。

ただそれはそれで必要なことであり、場合によっては日本より備えは進んでいるのではないかと思う場面もある。

実は広州のあるホテルの部屋で珍しいものを発見した。

それは中国語で「火災逃生面具」と書かれてある火災避難用の耐火性マスクで頭からスッポリ被り、防毒マスクのように口から煙を吸わないようにできている優れものである。

勿論、実際使ってみないと本当に優れものかどうかは分からないわけだが、こういうものがホテルの各部屋に備え付けられていること自体が素晴らしいと思った。

因みに日本のホテルでは非常口と避難経路を図にしたものが部屋に貼ってあるだけで、そういうような防火グッズはまず見ることはない。

日本では昔から地震、雷、火事、オヤジというのが定説であるが、恐らくここ中国では乾燥している地域が圧倒的に多いということもあって、生活の中で火事が最も恐ろしいものの筆頭に挙げられているのではないかと思うのである。

第5章　遥かなる大地中国

果てしなく続く中国の大地において、この章では比較的新しい中国、そして風光明媚な美しい中国の地を紹介してみることにする。

1. 知られざる天津の素顔

我々一般的な日本人の感覚では天津《てんしん》（中国語読みでティエンジン）という地名は昔から聞いたことはあるが、それは天津甘栗とか天津丼（天津飯）で馴染みがある位で、どんな所かと問われた場合、なかなかすぐイメージして答えるのは難しいように思う。

ところが実際に行ってみると、ここにはいろいろな顔を備えている素晴らしい大都市であることが分かる。

天津市は北京市、上海市、重慶市と同じく中央政府直属の直轄市で、どこの省にも属さない国家中心都市の一つであり、人口は今や全体で１３００万人を超える勢いを示している。

歴史的には第二次アヘン戦争で英仏連合に敗北した事により、天津条約が締結され、１８６０年に天津港の開港を余儀なくされた。これは日本の鎖国時代に列強各国から開港を迫られたケースとよく似ている。

この為、英、仏、米、独、伊、露、日などが相次いで租界を設置し、中国で最も租界の数が多い都市となった。

従って各国の文化が混在するようになり、天津がエキゾチックな街であるとよく言われる所以である。今でも旧市街地はその面影を色濃く残している。

そして直轄市に指定された天津はその後、中国の工業及び貿易の発展と共に貿易港として目覚しい発展を遂げ、今や中国の一大貿易港として最大の港湾都市に成長している。


天津市は大きく二つのテリトリーに分けられる。一つは市中心部の市街地区であり、もう一つは従来、港が各地区に分かれていたものがひとつに合併され大港区となった海浜新区である。

私は天津港をじっくり見てみたいと思っていたのでこの海浜新区の中心となる塘沽区に宿を取った。

周辺には大型コンテナヤード、保税港区、物流基地、石油基地、経済技術特区、海洋技術開発区など広大な港湾関連施設が渤海湾に沿って立ち並び、この地区だけでもとても1～2日では回り切れないような広さである。

日本で言うとちょうど横浜本港＋本牧港＋みなとみらい地区＋αという感じであるが規模的には天津港海浜新区の方がまだもっともっと大きいような感じがする。


私はまず遊覧船に乗って天津港周辺巡りを行った。

上：海河大橋の両サイドに飾られている立派なモニュメント
中：中国最大の貿易港、天津港を船で一望
下：超人が耳力で空母戦闘機を引っ張る

上　：天津旧市街の旧租界地区入口にある五大道の碑
中左：市内中央を流れる海河で釣り糸を垂れる市民
中右：市街のホコ天でのんびり休日を過ごす市民
下　：天津港海浜テーマパークにある大型空母

この遊覧船は天津港にあるそれぞれの港区（バース）を巡りながら一周して戻ってくる船だが、人気が高いのか平日なのに観光客で満員になっていた。

甲板に出てみると涼しい風を肌に受けながら沢山の大型コンテナー船や貨物船が停泊している姿が見て取れる。大型クレーンの数も半端な数ではなく、やはり物凄い規模の国際貿易港である。

そしてどんどん内海を進み、大きな渤海湾の外海に出る手前で折り返して来るのであるが、ここからだんだん近づいて見えてくるベイブリッジの景観は素晴らしい。

天津港はまた付近に漁港もあり、上海蟹に似た小ぶりのカニが沢山水揚げされていた。


次に渤海湾の沿岸にある中国語で言う〝天津浜海航母主題公園〟に行った。

これは公園内の埠頭に大型航空母艦を常に停泊させ、この航空母艦の中を見学するという一種のテーマパークで、ここにも沢山の観光客が集まっている。

この空母はロシアから購入したもので、旧ソ連が使用していたお古を観光用に購入したのか、それとも中国でもしばらく使っていたものを払い下げたのかは分からないが、このとてつもなく大きい本物の空母を展示品にして中を公開し観光客を誘致しようという発想自体が凄いと思う。

私自身は元々それほどまで興味ある世界ではなく、中に入る入場料もビックリする程高かったので、外観だけ見て、入るのはどうしようかと思っていた位だが、例えば軍事オタクの人達ならたまらなく魅力ある施設で、いくら入場料が高くても入りたくなる心境に駆られるのではないかと思う。

入ってみると確かに内部には戦闘機の格納庫やミサイルの発射台その他いろいろ貴重な施設を見ることができ、一見の価値はある。甲板に出ると戦闘機が何機か展示されており、その前で大勢の見物客が写真を撮っている。

そしてこの甲板で変わったショーをやっている。それは何と両耳に細いロープを巻きつけて低い姿勢で戦闘機を引っ張るという人間業とも思えないショーで、物凄い耳力の持ち主がスター並みの拍手を受け、それに応えている。本当に中国はいろんな人がいるものだとつくづく思う。

ここは市内から外れた辺ぴな所ではあるが、年間150万人位の観光客が遠方からも来ると言われ、結構人気スポットとなっているようだ。

天津はこの海浜地区と市街地区があるが、市内地図を買う場合、地図も大きく二つに分かれており、それぞれ別々に購入する必要がある。

つまり海浜新区が開発されたお陰で市街地区と合わせると格段に大きな都市として生まれ変わっており、一つの地図ではとても描き切れない広さとなっている。

海浜新区と市街地区とは津浜軽軌というモノレールにも似た新式の軌道電車で結ばれており、市街地中心部に入るとそのまま地下鉄になる。

私はこの電車を利用して市街地区の中心に入り、旧市街や新市街を歩いて見て回った。

旧市街の中心に五大道という有名な観光スポットがある。

この名前はここから遥か南東、南西など五方向に行ける旧租界地区のほぼ真ん中に位置する起点として名付けられた俗称であり、この街の目印ともなっている。

ここには頭の部分に大きな金の時計が飾られ、胴体の部分には五大道と金色で描かれたモニュメントが立っており、この地区のシンボルとなっている。

このモニュメントがある付近に旧租界地区の古い貴重なレンガ造りなどの建物が集まっている。特にイギリス租界地だった解放北路周辺は立派な洋館が立ち並び、中国とは思えないようなヨーロッパ調の落ち着いた感じの雰囲気が漂っており、中国に似つかわしくない程の静けさを保っている。

そして付近にある「海河」と呼ばれる市内を流れる川には遊覧船や小舟が行き交い、川べりでゆったりと魚釣りをしている人々の風景を見ると、いつも見るあの喧騒たる中国の街並みは一体どこへ行ってしまったのだろうと思えるほど、ここの一画は別世界のように静かである。

少し行くと高層ビルが立ち並ぶオフィス街があり、そして繁華街もあるが、市街地が車や人の群れで溢れかえっているという雰囲気は全くなく、全体的にも非常にバランスの取れた街並みであるように感じる。やはり外国人が長年居留していた影響が街に投影されているのかもしれない。

大通りの一画に伊勢丹デパートがある。

一通りデパートの中を見て歩いた後、ここの食堂を覗いてみたが、昔懐かしい日本のデパートの雰囲気がそのまま残っていて面白い。例えばオムライスとかシャケ定食、親子丼、お子様ランチ等昔風のメニューや、バナナパフェ、フルーツポンチ、コーヒーフロートといった昔懐かしいデザート類がショーウィンドーに飾ってある。しかもショーウィンドーのディスプレイも昔、我々が子供の頃見た記憶のある懐かしいままのものである。

但し残念ながら、見ていると、この食堂へのお客の入りは寂しい限りである。

日本のデパートは長い間ほとんど行っていないが、この手のいわゆる百貨店直営食堂が今でもあるのかどうかは分からない。恐らくもうどこのデパートも無くなっているはずである。

ところがこの天津でも繁盛している日系ラーメン店がある。

このラーメン店の名前は「味千《あじせん》」（中国語読みでウェイチェン）という。

日本国内ではそれほど馴染みのある名前ではないが、中国国内では600店余りあるラーメンチェーン店で、日系外食チェーンの店舗数では中国で最大規模を誇っている。

元々は熊本の小さなラーメン屋であった「味千」が先代の社長により、熊本ラーメンを広めようとして西日本にチェーン展開する傍ら香港で良いパートナーを見つけ、1996年に海外で初めて香港に進出したのがきっかけで中国全土にフランチャイズチェーン店を展開しているという。

人気の秘密はやはり店の名前の通り、味であり、同じ豚骨ラーメンでも醤油風味で中国人の舌に合うのかもしれない。

中国では概して麺類はあまり美味しいものがないため、日本のコシのある中華麺や味の深いスープは中国人に人気があり、今や他のアジア諸国や欧米でも人気が高まっているようだ。

そして麺だけではなく、おかずのメニューもいろいろ揃えてあるのも人気の一つである。中国人は日本人と違い、ラーメンだけ食べてサッと引き上げて行く習慣はあまり無いからである。

私も中国料理が続いて飽きて来た頃にこの日式ラーメンが恋しくなり、天津だけではなく中国各地で何回かこの「味千」のラーメンを食べた。

さて話はまた海浜新区に戻るが、私が滞在したホテルの近くにはちゃんとしたレストランが無いので、仕方なく傍の大衆食堂に入ることになる。

そこは港で働くいわゆる沖仲仕の溜まり場で、いかつい身体をした若者や中年のオジさん方が酒を酌み交わし、料理を突っ付き合いながら大声で駄弁っている。

私はこの雰囲気に圧倒されながらも、店の片隅に一人で座って料理を注文し始めると、彼らはこいつは一体どこの国からやって来たオヤジだろうと一瞥はするが、すぐまた大声での駄弁りが始まる。

彼等が話している様子から言うと、ほとんどが内蒙古出身の人達で故郷には長い間帰れないでいるらしい。

そう言えば皆顔立ちが普通の中国人とは少し違うような感じで、ちょっとゴッツくて精悍な顔立ちをしており、腕も太く丸太のようである。

聞く所によるとこの天津港では相当多くの内蒙古の人達が働いていて、付近に住み着いているようだ。

とかくこういう沖仲仕のような肉体労働者は蒙古族が多いのか、あるいはたまたまこの天津港だけなのかどうかは分からないが、いずれにせよ民族差別は根強く残っており、彼等はあまり良い職業に就くことは出来ないでいるらしい。

ところでこの海浜新区には豊富な塩、石油、天然ガス、地熱などの自然資源がある。百里塩田は世界的に有名な塩の生産地であり、また中国最大の海洋石油企業である渤海石油公司がある。地熱資源は、中国で最も多くの埋蔵量を持つ地区であると言われている。

そしてここ天津は交通の立地条件も良く、北京まで新幹線で30分で行けるし、高速道路も発達しており、車で北京国際空港まで行こうとすれば1時間半で行ける。

企業誘致も盛んに行われ、これまで外国を含む多くの企業が大規模ビジネス特区に入り込み、マンション等の不動産開発も急ピッチで行われて来て、この海浜新区だけでも凄い数の大型マンションが建てられており、この地区への人口の流入も激しいものがあったようだが、どうやらここにきて少し頭打ちになってきているようであり、建設も途中でストップしている所が結構あるようだ。

それは〝北京からの産業移転〟のスローガンの下、一時は中国の未来のマンハッタンと呼ばれて期待を集め、超急ピッチに開発投資にお金を掛け過ぎた為、需要が追いついて行かず、今や政府及び天津市が相当の負債を抱え込んでいるという。

日本でもかつて横浜みなとみらい都市開発で莫大な投資を行い、企業誘致を図ったが、バブルがはじけ、ほとんど企業が集まらず建物も疎らで空き地の状態がずっと続いていた時代があったが、その状況に少し似ている。

今後この天津市はどのように変貌していくのだろうか？

更に発展して行くのか、それとも発展が止まり、むしろ後退局面になって行くのかは分からないが、北京と比べて気候も比較的温暖で適度の湿気もあるので、暮らしやすさは感じられるし、新しいものと旧いものがうまく織り交ざっている様子は旅行者にとってはなかなか趣のある都市であるという風に感じ取ることが出来るのである。

2. 天然温泉のある町珠海

珠海《じゅかい》(中国語読みでジューハイ)は広東省南部の港湾都市でマカオに隣接しており、徒歩でもマカオに渡れるが、出入国管理ゲートを通過しなければならない為、いつも行列が出来るほど混んでいて、歩いて渡る時間より出入国手続きの方が遥かに時間が掛かる。

これは深センと香港との関係と全く同じように、形の上ではマカオと珠海も同じ国で一国二制度を取っているとは言え、実際はまだお互い国境を隔てているのも同然で、珠海方面側からマカオに通勤している人達も多いことからゲート通過に相当の時間を要する。

この為、陸路よりむしろ渡し舟で入江を20元で渡った方が空いており、出入国手続きもスムースに行き、時間が余り掛からない。

珠海は鄧小平時代に中国の改革・開放政策に沿って、1980年に深センの後に続いて経済特別区に指定された。

経済特区とは外国から資本や技術を導入し、中国側が労働力、土地建物を提供して合弁企業を積極的に誘致し、経済発展に繋げる為の輸出入関税の免除、所得税の3年間の据え置き等の特別優遇措置

上：マカオ側から珠海へ行く渡し船
下：南国ムード漂う珠海の街並み

を与えられた工業テリトリーで、他にも汕頭、アモイ、そして海南島が海南省に昇格した後、特区に指定された。

この中では深センが特別際立った発展を遂げているが、珠海も深センほどの経済規模は無いにしても、マカオ資本をバックに日本他外国企業が進出し、発展を遂げて来ている。


珠海の街はとても美しい。そして郊外には大きな温泉地がある。

珠海御温泉休暇村という所で、市内からバスで1時間位の所にあり、火山地帯でもないのに地下150mから汲み上げられた湯量は豊富で、色は黄褐色だが、臭いは薄い。

私が以前ここの温泉に行った時の事であるが、まだその時は中国式の温泉には馴れておらず、日本の日帰り温泉のような感覚で受付で入浴料を払い、脱衣場で素っ裸になって、いざ岩風呂などの露天風呂がいくつもある大きな温泉場に入った所、何と男女混浴で皆水着を着て風呂に入ったり寝そべったりしている光景が眼前にあり、慌てて引き返そうとした所、我々の少し後に続いて来たカナダ人らしき外国人二人連れも我々を真似、やはり素っ裸で入ろうとしていたが我々が戻ってくる様子を見て少し怪訝そうな顔をしていたがすぐ気がついて彼等も慌てて脱衣場に引き返した。

フロントで水着を借りて入り直し、何とか事なきを得たが、もしあのまま入って行ったら皆にお湯と罵声を浴びせ掛けられたかもしれない。

後で分かった事は、一部の銭湯みたいな所は別として中国の温泉はほとんどが水着で入ることが義務付けられていて、温泉に入りに行く時は皆が水着を持って来るのが習慣となっている。

その為、逆に日本に観光に来る中国人も温泉に入る時、日本の習慣を知らないで水着を着用してしまうことが多い。

以前、北海道の洞爺湖温泉に行った時の事だが、中国人、台湾人の団体客が来ていて、大勢の人が温泉に入るわけだが、水着を着用している人達が結構いたので、ここは水着でもＯＫなのかなと思っていたら、ちゃんと脱衣場の入口に「絶対に水着では入らないようにお願いします！」と英語と中国語であまり目立たない所に書いてあるのが分かった。

中国の人は公衆便所はよく利用して慣れているのに、例え温泉と言えども他人同士が全裸で一緒に湯に浸かる公衆浴場は元々余り慣れていないので、どうしても抵抗感が強いようである。

それは公衆の面前で全裸になることへの恥ずかしさから来る抵抗感も勿論あるが、局部を湯に晒しながら皆で湯船に入ることへの不潔感の方が先に立ってしまうようだ。


ここの温泉はとてつもなく広い敷地に20種類位の様々なお風呂が点在しており、普通の温泉風呂の他に足湯、アロマ湯や各種漢方風呂、ミルク湯、コーヒー湯などまである。

そして上の段に上がるとマッサージ台がずらっと並べてあり、男女が気持ち良さそうにマッサージを受けているので、私もやってみたが、マッサージ師の腕はともかくとして、露天風呂での屋外マッサージはなかなかオツなものである。

またここの温泉湯は神経痛、リュウマチには特別効果があるということで全国各地から湯治を兼ねて来る人も多いと言われている。

休憩室は和風様式の建物の中にあり、フルーツやパン、お菓子類、お水、お茶などが自由に飲み食いできる。また宿泊施設もあり、日本風の旅館を模した４つ星クラスのホテルが隣接している。


中国の温泉地は日本と比べこれまで世界的にはあまり知られていなかった。

というのも中国では極一部、黒竜江省に単成火山帯があるのみで、日本のように大規模火山帯がほとんど無い為、中国で温泉を味わうことは余り出来ないのではないかとされてきた。

ところが実際は知られているだけでも全国で３千ヶ所以上もあるといい、近年特に温泉ブームを背景にして次々と温泉地の新規リゾート開発が行われるようになって来ており、日本はじめ世界各地からの観光客を誘致しようとしている。


中国大陸は火山は少ないが、地熱資源が豊富にあり、掘削さえすれば、それほど深く掘らなくても温泉はいくらでも出てくるという。

例えば、重慶には〝温泉の都〟という別称があるほど温泉資源は世界レベルにあって、広範囲に温泉が分布していると言われ、いずれも泉質にも優れているという。

従って地元政府は更に温泉開発を進め、観光に力を入れようとしている。

これまでは日本の様々な素晴らしい温泉に入るのを楽しみに多くの中国人観光客や諸外国の観光客

が日本を訪れて来たが、日本の温泉ビジネスのノウハウを拾得した中国人が今後日本式の温泉リゾートを次々と開発し、現地中国人のみならず世界中の観光客を取り込んで行く可能性は十分にあるのではないかと思う。

3. アモイは海上の花園

アモイ市は中国福建省の南東部、台湾の対岸に位置する美しい沿岸都市で、アモイ島やコロンス島などの島々及び大陸側の一部、九龍江北側の沿岸部から成っている。

市の中心はアモイ島で、人口の大半がここに住んでいる。

〝アモイ〟とは中国の都市名としては変わった響きを持つ名前の呼び方であり、漢字もないことから「何でここだけ数ある中国の都市の中でカタカナ表記で呼んでいるのだろう?」と不思議に思っている人が、特に日本人の中には多いと思う。

実はこの〝アモイ〟の語源は福建語の一種で福建省南部で使われていた閩南語(ビンナン語)から来ている言葉であり、ここの地名を「下門」と書いて「e-mui」と発音していたことから、これが転じて「amoi」と呼ばれるようになったという。

従って日本や東南アジアの一部ではその名残りが未だに残っている為、今でもここをアモイと呼んでいるが、中国では今やその呼び方は皆無で、アモイのことを〝厦門(シャーメン)〟中国語表記で〝厦门(xiamen)〟と呼んでおり、これが正式な呼び名となっている。

上　：アモイ島から船でわずか 10 分でコロンス島に行ける
中左：コロンス島は旧租界時代の豪華な建物が残っている
中右：コロンス島側からアモイ島を臨む景色も美しい
下　：美しい景観を表すアモイ大学の校舎とキャンパス

では何故日本では未だにアモイと呼ぶのかと言うと、恐らくシャーメンの漢字が日本には存在しないから書き様がなく、同じカタカナ表記であるなら呼び馴れているアモイの方が呼びやすいということで今も使われているのではないかと思われるが、確かなことは分からない。

但し中国国内で「アモイ」と言っても通じないし、欧米や世界を見ても今や恐らく殆ど使われていないであろうことを思うと、そろそろ呼び方を国際標準に合わせても良いのではないかと思う。

アモイ島（厦門島）はアモイ大橋などいくつかの橋で大陸側と結ばれているので今本当に島に居るという実感はなく、あたかも陸続きだと錯覚しそうだが、実際地図を見てみると沿岸にある丸いポッコリした島であるということが分かる。

そして更にこのアモイ島の西南部に隣接して、まるで子供を宿しているかのようにある小島が有名なコロンス島である。

アモイ本島から船で10分ほどで行けるコロンス島（中国語で鼓浪嶼グ・ラン・ユ）はアモイの一番の名所で中国人なら誰でも一度は行きたい所の一つに数えられる憧れの場所になっているという。

アヘン戦争後の１８４２年、南京条約によりアモイ港が開港され、列強の進出が相次ぎ、このコロンス島が公共租界地に定められて、英、米、仏、独、日、スペイン、ポルトガル、スイスなどが次々に領事館を開設した。

それに伴って個人の邸宅や商店、映画館、ダンスホール、図書館、教会、病院などが次々と建てられ、わずか半世紀の間にこの小さな島が世界各国の様々な建築デザインが華麗に並ぶギャラリーのような、そしてまるで自然に出来たテーマパークのような姿に変貌し、今でもその姿が変わることなく色濃く残されている。

この島は車の通行が一切禁止されており、緑が多く、その合間を縫うように勾配のある細い路地が張り巡らされ、贅を尽くした洋館が並んでいるのを横目で見たり、海を眺めながらゆっくりと散策するのは興味深い。しかし難を言えば土産物屋が多過ぎるという事と人が多過ぎるという事である。

この島の定住人口は2万人位居て、それぞれ一つの大きな洋館毎に何家族もの中国人がアパート替わりにここで暮らしているといい、一方でここを訪れる観光客が毎年1千万人もいるということになると、この小さい島の特に日中での人口密度は物凄いものとなる。

この島は歴史的にも軍事上重要な島として位置付けられており17世紀半ば頃、福建省出身の鄭成功がアモイを軍事拠点にして清と戦ったが破れ、その後、この島を起点にして台湾に進出し、当時オランダが植民地支配していた台湾を開放、統治したという事から地元の英雄となっており、この島に大きな像が立っている。

鄭成功は中国人海商で長崎の平戸で活躍していた父、鄭芝龍と日本人の母、田川マツとの間に生まれた中国人と日本人とのハーフで、7歳の時に父親の郷里の福建省南安に渡り、その後明王朝の為に活躍した後、台湾を統一支配し、自らも台湾に移り住んだという。

従って台湾に中国本土から渡ってきた人々、いわゆる本省人は福建人が多かった為、台湾の言語は長らく福建語が主流となっていたわけである（現在は北京語が主流となっている）。

アモイはまた華僑の故郷とも呼ばれるように、東南アジア各地に勢力を伸ばしている華僑の多くはこのアモイ出身か、もしくは周辺地域からアモイ港を経由して東南アジア各国に渡ったと言われている。従ってこのアモイ港経由でこれまでも東南アジア地区の華僑と中国人商人との間で活発に貿易が行われていた。

周囲を美しい海に囲まれたアモイの景観は素晴らしく、特に「海上の花園」と呼ばれるアモイ島の一番景色の良い場所にあるのがアモイ大学（厦門大学）である。

中国一閑静で美しいキャンパス環境を誇るアモイ大学は国立の総合大学で、中国東南地域の大学の中では最もレベルの高い大学としてよくその名が知られている。

留学生教育をいち早く展開し、この50年間、１００ヶ国以上の国々から留学生を受け入れて来ている。

私もかつてリタイア後、語学留学をしようとして事前に調べておいたこのアモイ大学を下見見学した事があったが、それはそれは素晴らしい環境下にある広大で美しいキャンパスと瑠璃色の建物は魅力的で、中国語の国際普及に相当力を入れており、積極的に国際交流に取り組んでいるという事から、留学するのならこの大学にしようと思ったことがある。

この大学は地元の人達からは「厦大《シャーダー》」と呼ばれて親しまれており、海外からの観光客もやって来る有名な観光スポットにもなっている。

アモイは南国特有のスコール（驟雨）が多い。

街をブラブラ歩きながら散策していても折り畳み傘を持ち歩いていないと急に雨が降ってくる。それも降り出すと叩きつけるような強い雨で、傘を持っていても足元などは濡れてしまうが、やがてすぐ止んでしまう。

そして歩き疲れた足や身体をほぐすためにマッサージ店を探して入るのだが、実はアモイは中国でも有数のマッサージの激戦区で、あちこちにマッサージ店がひしめいている。

従ってマッサージ店自体を見つけるのは何の苦労も要らないが、数が多過ぎてどの店に入るかを決めるのに迷うほどである。

いろいろ見た後、値段もそこそこ安そうで、店構えもまあまあの所を見つけて、そこに入ることにした。

時間と値段を聞いてみると、全身マッサージの90分で何と90元、１２０分で１２０元という信じられないような安さには驚きであり、時間的にちょうどいい90分を選んだ。

それにしても後にも先にも中国各地で受けたマッサージの中で90分１００元以下というのはこのアモイが初めてで、施術もかなり優れており、溜まった疲れがいっぺんに吹き飛んだ感じであった。

それもそのはずで、何故かここアモイには全国各地の優秀なマッサージ師が集まって来るらしい。それは観光地という事も勿論あるが、昔からこの地に西洋人が居住、往来して来た事と関係があるのかも知れない。

日本でのマッサージの値段は、さほど上手でもないのに、普通は大抵どこも10分千円が基本相場で60分だと6千円、90分だと9千円となるが、アモイでは10分10元の相場なので7分の1近くで上手なマッサージが受けられるわけである。

4. 海南島は中国のハワイ?

アモイから飛行機で中国最南端の島、海南島の省都海口までは約1時間半で到着する。

海南島は昔から日本では日本語読みで「カイナントウ」と呼んでいたが中国語読みで「ハイナンダオ」と呼ばれることもあってか、最近では「ハイナン島」の表記で呼ぶことが多くなってきている。

海南島は日本の九州とほぼ同じ大きさで、台湾を除けば中国で最大の島となり、リゾート地三亜市の緯度がちょうどハワイと同じであることから〝中国のハワイ〟と呼ばれている。それは常夏の島で、一年中ハイビスカスやプルメリア等の南の島ならではの花が咲いており、三亜ビーチがワイキキの浜辺に少し似ていることからそう呼ばれるようになったのかもしれないが、やはりハワイとは大分違うように感じる。

海南島は元々広東省に属していたが、経済特区に指定されたのをきっかけとして1988年に広東省から分離し、海南省となった。

島は漢民族が主体ではあるが、リー族、ミャオ族など30余りの少数民族が生活していると言われる。中でもリー族は特に多く、百万人以上の人達が生活していて、無視できない存在になっている。

そう言えば海口市内を歩いていると、いつもの中国語の発音とはかなり異質な音の種類が街中に飛び交っており、どこかで聞いたことのあるような音質だなと思っていたら、「そうか、ベトナム語に近い音だなあ！」と気が付いた。

確かにここは立地的にベトナムにかなり近いことから土着民族が話す言葉はベトナム語に近いのは不思議なことではないはずである。

前述したように私は大学教師になる何年か前に中国での語学留学を考えていたので、アモイ大学（厦門大学）への下見見学の後、海南大学を訪問見学した。

海南大学は海口市の郊外にあり、国家教育部と海南省人民政府が共同で建設した国立総合大学で、国家重点大学となっている。

この大学も近年、国際交流に力を注いでおり、各国からの留学生を幅広く受け入れていて、その受け入れ窓口となるのが国際文化交流学院（日本の大学の国際学部に当たる）である。

以前、私は東京の会場で開催された中国の大学の留学生募集案内展示ブースで会い、プレゼンを受けていた国際文化交流学院の張学部長に再びお会いするため大学正門で必要な手続きを取って、いざキャンパスに入ろうとすると、門の守衛らしき男性が「とても歩いては行けないよ、構内循環カートがあるから、来るまで待ってなさい」と言われた。

キャンパスは広いとは想像していたが、実際よく見てみるとこれはもう完全に想像を絶するような

上　：海南大学のキャンパスの大きさは超特大
下左：海南島の省都海口は東南アジアの香りがいっぱい
下右：海口市内は輪タクが多く、言葉もベトナム語に近い

上：三亜ビーチはシーズンオフで人が少ない
中：三亜ビーチは昔のバリ島クタビーチを彷彿とさせる
下：三亜市の道路清掃人、中国ではどこでも見かける光景広さで、アモイ大学の何倍ものスケールがあり、一体世界にこんな広いキャンパスを持つ大学があったのかと目を疑いたくなる程の驚きであった。

やがて循環カートがやって来て、それに乗り込みゆっくりとした速度で走り出した。

広いキャンパスにはヤシの木が街路樹代わりに一体に広がり、そしていろいろな熱帯植物がそこかしこに植えられており、まさに南国ムードがいっぱいであった。

ところが目ざす所の国際文化交流学院の建物にはなかなか到着しないので、運転手に「あとどの位掛かるの？」と聞いたら「いやあ一番奥の建物だから、まだまだあるよ」と言われ、またビックリ！例えて言うなら東京の新宿御苑と明治神宮御苑を合わせた位は優にあるのではないかと思う。

そしてやっと交流学院の建物に辿り付き、張学部長に面談することが出来た。

学部長は親切に館内を一通り案内してくれ、「今ちょうど留学生の授業を行っているので、試しに授業を見学してみませんか？」と言われ、「よろしくお願いします」と二つ返事でＯＫしたが、教室に入ってみると女性教師からいきなり中国語の教科書を渡されて、「さあ一緒に授業を受けてみましょうね！」と言われ、空いている席に座らされたのにはビックリ。でも折角乗りかかった船なので授業を受けることにした。

この教室の学生は欧米人、オーストラリア人、アジア人（韓国人が多い）、アフリカ人と様々だが、日本人は居なかった。やはり皆若い人がほとんどで、中国語のレベルは中級程度であった為、何とか付いて行くことが出来た。

そして授業が終わった後、学部長から、「如何でしたか？　もし良ければ9月からの新学期の入学申し込み手続きを今して行きませんか？」更に「すぐ定員がいっぱいになるので早めがいいですよ、申込金も一緒にね」と言われた。

そう言われてもまだ即断は出来ないので、「有難う御座います。良かったと思いますけど、一応帰国後検討し、家族とも相談してからまたご連絡到します」と言ってその場を去った。

この大学自体は確かに環境には恵まれているが、ここ海南島は予想以上に何しろ暑い。まだ4月だというのに日差しはかなり強烈で、しかも蒸し暑く、日中外に居ると暑くて頭がクラクラしてくる。ハワイと同じ位の緯度とはいえ気候が全然違うように感じる。

そして寮の部屋も見せてもらったが少し狭く、決してきれいではないという印象で、留学生として長期滞在するとなるとちょっと考えてしまうような所ではある。

その時はまだ9月の新学期までには時間がたっぷりあったので、アモイ大学とも併せてよく比較しながら検討することにした。

私はリゾート地の雰囲気だけちょっと覗きに行く為、海口から高速バスで三亜に向かう事にした。途中高速道路からの景色を堪能するというわけには行かなかったが、サトウキビ畑、バナナ畑、雑木林などがだらだらと続く車窓からの景色を退屈気味に眺めながら、九州とほぼ同じ大きさである海南島の北の端から南の端までの距離を延々とノンストップでバスは猛スピードで飛ばし、3時間余りで三亜市に到着した。

三亜市内のバスターミナルに着いてからすぐ市内のホテル探しを行った。

リゾート地とは言え、このバスターミナル付近は人が多く賑やかで、ホテルの客引きやらタクシーの客引きやらで喧騒たる雰囲気であった。

さすがに海南島の最南端に来ただけあって、あの暑かった海口よりもまだ更に温度が高いようで、暑さがなお一層厳しい。

私はリゾート地にゆっくり観光滞在というわけではなかったので、市内から少し海寄りの所の適当なホテルに宿をとった。

翌朝市内から最も近い、ホテルから歩いても15分位で行ける三亜湾のビーチへ出てみた。

ここは白い砂浜の美しい海岸で、白砂青松ならぬヤシの木が後方に生い茂り、その木陰でゆっくりと眺める遠浅の海はなかなか雰囲気がある。

今はオフシーズンの為なのだろうか、人が殆んどいない。確かに避寒に来る人達が多い冬場の12月から2月がシーズン真っ盛りであるらしいが、それにしても客が少なく、ちょっと寂しい気はするが、ゆったりとした空間の中に波の音とヤシの葉が揺れる音が重なり合い、たまにやって来る物売りの少女の掛け声を聞いているだけで却って風情を盛り上げてくれる。

そう言えば、ちょうど私が若い頃の36～37年程前、初めてバリ島のクタビーチに行った時の感じによく似ている。

当時バリ島はまだあまり広くは知られていないリゾート地で、一部の外国人旅行者の間でのみ知られていた位であった。しかもその当時、旅行者が行く所は主にサヌールビーチが主体で反対側のクタビーチはまだリゾート観光地として開発されていなく、ほんの一部の若者がサーフィンをしにやって来る位でビーチもガラ空きであった。

ほとんど誰も居ないクタの砂浜で海を見つめていると、どこからともなく物売りの少年がやって来てバリ独特のろうけつ染めのTシャツを見せられ、思わず買った覚えがある。

何とも平和でのんびりとした旅情を掻き立てるような雰囲気がそこにはあった。

ところがその後クタビーチが段々人気となり、リゾート開発が年々進むに連れ、更に賑やかになり、ショッピング街、レストラン等が乱立してまるで表参道通りや竹下通りのようになってしまったのである。

この三亜湾ビーチもそうならないで欲しいが、実は三亜にはこの三亜湾ビーチの他に亜龍湾ビーチと大東海ビーチの計3ヶ所のビーチがあり、中でも市内から25㎞位離れた亜龍湾ビーチは高級リゾート地として今や目覚しい開発が進んでおり、シェラトン、ヒルトン、リッツカールトンなど名立たる米系資本の有名な大型高級ホテルが次々と完成し世界各国からの観光客を呼び寄せようとしている。

交通も整備され、中国本土からの旅客列車がそのまま大型フェリーに乗って海口から西回りで三亜まで行けるようになっており、また最近では海口―三亜間の東回りを新幹線が通るようになった。そして三亜付近を中心にリゾートマンションや国際的なゴルフ場も次々と出来上がり、本格的に中国のハワイ、東洋のハワイを目指すようになって来ているという。

外国人観光客で言うとこれまではロシア人がかなり多いようだ。ロシア人は元々アメリカが所有するハワイ、グアム、サイパン等やアメリカ色の強い南国の島に行くのを好まない傾向があり、比較的仲の良い中国の南の島に避寒を目的として集まって来る。特に近年ロシア人の中で海外旅行する階層が増えてきたことにも関係しているという。

昔は流刑地として有名だったり、食い潰した人達がタイ、マレーシア、シンガポール等東南アジア各国に移住し、中国有数の華僑の古里として有名だった海南島が今や中国屈指のリゾート地に変貌しようとは当時の人達の誰が予想したであろうか。

一方で海南島は南シナ海を睨む軍事拠点として重要な役割を担っている。

リゾート地とは裏腹に三亜には二つの大きな軍港がある。中国版イージスと呼ばれる最新鋭の駆逐艦やフリゲートなどの他に原子力潜水艦も装備されていると言われている。

これらの軍港はいずれも南シナ海を守備範囲とする南海艦隊の主要拠点であり、尖閣問題で揺れる東シナ海も勿論そうではあるが、中国としては特にこの南シナ海がやはり軍事上最重要地域としての位置付けが高いようだ。

経済特区、大型国際リゾート開発地、海軍軍事基地としてそれぞれの顔を持つこの海南島が今後この島の重要性を更に拡大して行くように思えてならない。

5. 無錫旅情

無錫《むしゃく》は上海から西へ約１３０㎞程離れた江蘇省の一都市で、上海虹橋駅から新幹線で最短50分で行ける。新幹線の駅としては上海から昆山、蘇州、無錫と三つ目の駅である。

私は以前から是非一度は無錫へ行って太湖を見てみたいという思いがあったので、中国での大学教師生活が終わった翌年この地を訪れた。

無錫は中国語で无锡《ウーシー》といい、一風変わった名前ではあるが、昔、錫《スズ》が無くなるまで掘り尽くしてしまった地ということで、この名前が付けられたと言われている。

無錫と言えば何と言っても日本の琵琶湖の3倍以上もあり、江蘇省、浙江省にまたがる周囲４００㎞もある桁外れに大きな湖の太湖があることで有名な観光地となっている。

だがもう一つ日本人にとって馴染み深いのは今から25年以上前にヒットした尾形大作の〝無錫旅情〟というまあ演歌というより言わば抒情歌がある。

それまでは日本人の間ではほとんど知られていなかった無錫がこの歌によって一躍有名になった理由は、この歌詞にあったのではないかと思う。

上左：無錫鹿頂山からの太湖の眺めは最高
上右：太湖に浮かぶ島、仙島の入口門
中　：太湖の面積は琵琶湖の３倍ある
下左：遊覧船のデッキは超満員
下右：太湖遊覧船の出発

この歌の作詞・作曲は中山大三郎で、実にうまく無錫、太湖の情景を描いており、歌っているとリズミカルな旋律に乗って詩の情景がまるでくっきりと見えてくるような感じである。そう言えば彼の作品には〝人生いろいろ〟といい、〝珍島物語〟といい非常にユニークで大衆受けする作詞が多く、ある意味で歌謡界の逸材と言ってもいいかもしれない。

無錫駅から太湖へ行くのは駅前バスターミナルの路線バス1番に乗って（2元）30分強で太湖への入口となる鼋頭渚公園に到着する。

この公園はスッポンの頭のように半島が太湖に突き出ていることから、このような名前が付けられたというが、この半島公園をどこまでも歩いて行くと湖の遊覧船の船着場に着くようになっている。

まず公園の入口で105元の入場券（鼋頭渚公園＋遊覧船＋太湖仙島の入場料が含まれている）を買って公園内に入る。

公園内はよく整備されており、日本の森林公園にも似たような感じで、鬱蒼と生い茂った木々や開けた所には庭園、お花畑、噴水等もあり、小鳥がさえずり自然真只中という感じがする。その所々に無錫もしくは江南の歴史を紹介するミニミュージアムがあり、歴史上の偉人の石碑があちらこちらに立っている。

そして更に進むと鹿頂山はこちらという矢印が目に入ってくる。

あの無錫旅情の詩にある「鹿頂山から太湖を望めば」の鹿頂山はここにあったのかと思わず嬉しく

なり、矢印の方向にどんどん歩き出した。公園内にある山なのでほんの小高い丘と侮っていたが、行けども行けども頂上が見えず、だんだん疲れてきたが、大汗をかきながらやっとのことで登り切り頂上に立った。

頂上には鹿の像があり、今もいるのかどうかは分からないが、この山の名前の如く昔は相当沢山の鹿がここに生息していたのではと想像することができる。

そして少し行くと四重の塔があり、そのてっぺんから見る太湖の眺めは壮観であった。

太湖は広大な面積の中に大小40以上の島々が点在している為、全体の景観は勿論見ることは出来ないが、特に紅葉の時期などは（残念ながら紅葉にはまだ早い時期だった）眼下にもみじを見ながら遠く太湖の景色を眺めるのは最高にいいのではないかと思った。


公園内をかなり歩いた後、やっと船着場に到着した。大勢の人が船を待って並んでいる。大勢のお客を乗せた遊覧船がゆっくりと走り出した直後、ほとんどの客が一斉に甲板に駆け上がり、あっという間に満員状態となった。

満員に膨れ上がった甲板上の乗客を乗せながら、船は太湖仙島という島に向かって少し速度を上げ出した。

仙島は太湖三山の一つで、無錫旅情の詩に「はるか小島は三山か」と歌われた島である。

やがて仙島の船着場に着くと、何組かの地元の年寄り夫婦が小舟で鮒などの魚を獲って観光客相手に売っていて、結構買っていく人も多い。

一体これを買ってどこまで持って行くのか知らないが、冷凍されていないので勿論余り遠い所までは持っていけないはずで、近くの料理屋に行って料理してもらうのか、或いはホテルのレストランにでも持って行くのか、それとも割に近くから来た人が家に持って帰るのかは分からない。

実は太湖で獲れる最も有名なものは銀魚と呼ばれるシラウオを大きくしたような魚で、太湖の特産品となっており、昔は献上品として王や上官に上納した位、貴重な魚であったという。中国では卵とじにして食べるのが一般的らしいが、日本でなら必ずもっと違ったおいしい料理方法を見つけるはずであると思った。


また太湖は上海蟹の産地でもある。上海ガニとは誰がいつ名付けたかは知らないが、今や食通でなくても一度は食してみたいという程ポピュラーな食べ物になっており、一つのブランドにもなっている。

これはイワガニ科の小型のカニで正式名称は中国藻屑蟹と言い、江蘇省の長江流域、陽澄湖、太湖などで産出されるカニであり、上海で獲れるわけではない。

この上海ガニの産地の一つにもなっている太湖が数年前より藍藻《らんそう》の大量発生に悩まされているという。

藍藻とは藍色細菌と呼ばれる一種のバクテリアで、青っぽい緑色の藻類の細胞が群体化し、どんどん拡大していくもので、実はこの仙島周辺も藍藻によって湖が緑色に染まっている箇所が多く見られる。

そして役所の人か、この島の人かは分からないが、緑色になっている水をポンプでパイプに引いて簡易型浄化装置を通して、きれいな水を湖に戻してやる作業を盛んに行っている現場を目にしたが、この様な家内工業的なやり方でどれほどの水が浄化できるのかは疑問ではあったが、それでも少しでもきれいになるのであれば、やらないよりは遥かに良い事であると感じた。

そう言えば私が毎年行く諏訪湖も年々この藍藻が増えて来ており、きれいだった諏訪湖が西側などは特に急速に緑色の部分が多くなって来ている。これはひょっとして世界的な傾向になっているのであろうか？　近年の世界的な気候の温暖化や急激な気候変動等の影響により、このように藍藻が大量発生する結果になったのではないだろうか？

一方で政府関係部門は太湖の水位がかなり下がって来ているので、長江の支流から水を流し込む行動に出ており、水位を3メートル位まで上げるべく水質の改善を図っているという。

太湖は無錫や蘇州など江蘇省を代表する工業都市の貴重な水源であると同時に農業用水、生活用水（水道水）としても欠かすことのできない水源となっている為、湖水の汚染対策は重要で、今後の生活環境保全の取り組みが必要不可欠であるという。

駅前のホテルに宿を取り、無錫の夜の街をぶらついてみた。

思った以上に賑やかで繁華街は日本の昔の地方都市を思わせるような飲食店、バー、キャバレー、ナイトクラブの類が軒並み固まってあり、今まで中国の街ではあまり見なかったような光景で、何か日本的な雰囲気が漂っている。昨今ここ無錫に日系企業がかなり進出しているのと関係があるかもしれない。

ある一軒の店に入って無錫料理を食べてみた。

家庭風の料理が主体の比較的こじんまりした感じの店ではあったが、メニューは豊富で、いくつかの伝統的な無錫料理（江蘇料理に属している）を食べてみることにした。

中でも無錫小龍包は有名であり、中の具が豊富で蟹肉が入っているのが特徴的である。

普通の小龍包と比べ皮が薄いので非常に食感も良く、食べやすくおいしいものであった。

またもう一つ有名な三鮮ワンタンがある。これは新鮮な肉、干し蝦、漬物をワンタンの具とすることから来ている名前であるらしく、スープも干し豆腐や卵の薄焼き細切りなどが入っていて、味もおいしい。

ところで太湖で獲れる3種類の珍しい魚があり、前述した太湖銀魚の他に太湖白魚と太湖白蝦がある。これらはいずれも白い淡水魚であることから総称して太湖三白と呼ばれており、元々この太湖三白料理はここの名物となっている。

ところが最近ではこの種の魚はなかなか獲れない為、滅多にお目にかかれない魚として高級料理になっており、値段もびっくりする程高価な魚料理となっているという。

この為、お店の人から太湖白魚の代わりに鮒料理は如何ですか？　とのお誘いがあった。

「なあんだ、そうだったのか、太湖で老夫婦達が小舟で盛んに鮒を獲って売っていたのは、この料理用だったのかもしれない」と思った。

日本では逆に鮒はあまり獲れない魚となっており、ここ何十年も鮒を食べたことはないが、昼間太湖でしっかり見ている魚だし、どうしようかと迷っていたが、まあものは試しとたのんでみることにした。

甘辛くとろみのある醬油味で煮付けしてあり、もやしや人参ほか野菜を千切りにしたものが数種類魚の上に乗っている。超久しぶりに鮒を食したが、生臭くなく、身もしまっていて、味も結構おいしい。

結局あれやこれやといろいろ食べてしまい、満腹状態で店を出て、ぐるぐる遠回りをしながらホテルに戻った。

ベッドに横になると昼間見た黿頭渚公園内にある「無錫旅情」の詩がそのまま中国語訳で刻まれている石碑が妙に脳裏に浮かんで離れなかった。

6. 天空の楽園雲南省

私は河南省新鄭での大学教師生活を終了した後すぐ、雲南省を旅した。
それは以前より雲南省は中国の中で最も私が興味ある所の一つであったからである。

雲南省は中国で最も南西に位置する省で、南部はベトナム、ラオスと国境を接し、南部から西部にかけてはミャンマーと接している。一方北部は四川省、東部は貴州省や広西チワン自治区と接しており、日本とほぼ同じ面積ながら人口は約三分の一の4千万人位である。

全体的に標高が高く、特に北部では平地でも3千m～4千m位、南部でも2千m位の標高がある。

少数民族が多く、漢民族の他に25の民族が生活しており、この内この雲南省にしかいない少数民族は15もある。少数民族の多い原因は中国西南部、東南アジア、チベット・ヒマラヤなどに比較的近いという事と更にはモンゴルが進出して来た以降モンゴル族、回族、満族などが入り込んだ為と言われている。

（1）雲南省の玄関、昆明

２０１２年６月末、私は日本から合流した妻と一緒に鄭州新鄭国際空港から約２時間半掛けて雲南省昆明国際空港に降り立った。

昆明市内に程近い比較的古く狭い国際空港であったが、何と偶然にもその二日後に昆明の空港が新たに大空港に大変身した姿を目の当たりにしようとはその時は全く想像もしなかったのである。

昆明は雲南省の省都で人口４００万人の結構立派な都会である。

海抜２千ｍの高原に位置する為、緯度の割には夏涼しく冬暖かい常春の地、中国語で言う「春城」と言われてきたが、意外と街中はゴミゴミしていて蒸し暑い。

しかし一歩郊外に出ると緑と湖のある光景が目に写ってくる。そしてその一画に雲南民俗村がある。

この民俗村は雲南省に住む25の少数民族の文化、風俗を展示紹介している広大な面積を誇る一種のテーマパークであるが、敷地内には各少数民族の村が作られ民具や衣装が展示されている。

そして所々に民族衣装を着けた若い男女が手芸品などのお土産品を売ったり、観光客との写真撮影に応じたりしている。

ここはテン湖、通称「草海」と呼ばれる湖の畔にあり、水面がきらきら光って、あたかもこの村全体を舞台に見立てて映し出しているような感じにさえ見えて、とても調和の取れた景観が何とも素晴らしい。

雲南省の少数民族の中でも人口が一番多いのはイ族で４００万人以上の人々が暮らしているという

上：雲南省の省都昆明にある雲南民俗村入口
中：民俗村にいる象は働き上手
下：民俗村ハニ族の女性は木彫皿作りの名職人でもある

が、そうなるともう雲南省では少数民族とは言えなくなるわけで、それに続くペー族、ナシ族、ハニ族、タイ族なども結構多く住んでいる。

この中でハニ族村の建家の一画で素晴らしい木彫りの装飾皿を女性が自作販売しているのを見学した。木目細かな紋様と鮮やかな色使いが気に入り、ちょっと荷物になるとは思ったが一枚購入した。

いくつかの村を回ったが、一際異彩を放っているのはモンゴル族である。

モンゴル語でゲル、中国語でパオと呼ばれる移動式住居の中に入ってみるとまずはその大きさに驚かされる。形状は全てが丸くなっており、高い天井の周りを丸い梁が廻らされ、そしてそこから極彩色の丸い柱が何本か立っている。

天井の高さは半端ではなく、しかも四隅が全く無いということで物凄く広い空間が作られている。展示建物であることを多少割り引いて見てもこれが本当に移動式住居なのかと思うほど作りも立派であり、大家族が遊牧生活をしていく為にはやはりこの位のスペースは必要なのであろう。

壁にはモンゴル帝国の創始者、成吉思汗（チンギス・ハン）の大きな肖像画が飾られてある。かつて世界制覇を仕掛けた鋭く威厳のある眼差しでこちらを見られれと、何か吸い込まれるようなカリスマ性を感じるし、昔の様にまたいつでも中国を支配できるのだというように睨みをきかせているようにも思える。

この民俗村の裏手にある湖の対岸に西山というちょっとした山があり、そこに西山風景名勝区という所がある。

ここに行くのは民俗村からカートに乗ってロープウェイの乗降口まで行きロープウェイに二回乗って西山に辿り着く。途中ロープウェイから眺める湖の景色は素晴らしい。

やがて頂上に着き、上から湖を眺めながら歩いて行くと、誰か有名な人物らしき大きな石像と記念碑が見えてくる。

一体誰の石像なのかと近寄ってみるとそれは聶耳《じょうじ》（中国語で Nie Er ニエアルと発音）ということ雲南省昆明出身の著名な作曲家であることが分かる。

何と彼は現在の中国国歌を作曲した人であり、若くして日本の地で亡くなった悲運の人として描かれている。


彼は１９１２年雲南省昆明の生まれで、幼少の頃から楽器に親しんでいた関係で師範学校卒業後、音楽的才能が開花し主に上海を拠点に左翼系の演劇や映画の楽曲を多く作曲した。

１９３３年に中国共産党に入党し活動したが、その後周囲の左翼文化人達が国民党当局に次々と拘束される中、盟友の劇作家であり詩人の田漢も逮捕された。

彼自身も近日中に逮捕される予定との情報を受けて、難を逃れる為１９３５年４月に日本滞在中の兄を頼って来日した。

これは一般的には「日本への亡命」を企図していたのではないかと言われているが、最終的には日本滞在後、当時のソ連へ留学する予定であったという説もあり定かではない。

実は現在の中国国歌は「風雲児女」という抗日映画の主題歌として「義勇軍行進曲」という勇ましい歌の歌詞を田漢が獄中から密かに送り、その歌詞に合わせて聶耳が日本滞在中に最終的に書き上げた抗日映画の主題曲だったのである。

そしてその年の7月に神奈川県藤沢市の鵠沼海岸で友人と遊泳中に行方不明となり、翌日水死が確認された。24歳という若さで亡くなり、何ともドラマチックで悲劇的な最期を遂げたわけだが、一説によると国民党による謀殺説もあるようだ。

彼の遺骨は友人の留学生たちが出身地の昆明に持ち帰り、この西山に埋葬されたという。また鵠沼海岸にある湘南海岸公園には聶耳の石碑が建てられ、2010年には聶耳記念広場に新たに中国語で聶耳の生涯や功績を刻んだ石碑が完成された程、日本でも有名な人なのである。

藤沢市と昆明市はこの縁で1981年に友好都市を結んで以来、今日まで友好関係が続いているという。

西山の記念碑の傍にミニ博物館があり、やはり彼の生涯や功績を讃えるパネルが展示してある。そしてボタンを押すと中国国家が鳴り渡り、画面に詩が出て来るようになっている。

私自身はこれまで大学教師の時に、いろいろな行事や劇場、映画館等々で何回もこの中国国歌を聞いていたが、この曲は非常にリズミカルで、歌詞が分かれば口ずさみたくなるようないい楽曲であると思ってはいたが、抗日映画の主題曲が国歌になっていると聞くと、やはり少し複雑な気持になってくる。

昆明に二日間滞在した後、大理に行く為、早朝、今日からオープンする昆明の新空港に向かった。

タクシーの運ちゃんに「空港までお願い、今日からの新空港だよ！」と念押しで行き先を言った所、「分かってる、分かってる、大丈夫だよ」と軽く受け流されてしまった。

それもその筈でタクシーの運ちゃんが今日から稼ぎ時になるこんな大事なことを知らないはずがなく、今日で従来の街中の空港は閉鎖され、郊外の大空港がオープンするという事はタクシードライバー仲間では常識というか、むしろ大きな話題となっている筈で、一つの大きな転機を迎える待ちに待った日ではないかと思う。

比較的朝早かったのでこのタクシーの運ちゃんにとって多分私達が新空港までの記念すべき？　最初のお客さんであったであろうと思うが、意外とこの運ちゃんは飄々としていて平静を装っている。しかし我々の方はいささか興奮気味である。

というのも今回初めての昆明滞在で旧空港と新空港の両方を同時に体験できることになろうとは本当にラッキーというか、それこそ記念すべきフライトとなるからである。

市内から約25㎞東に行った所に忽然と斬新なそしてどでかい空港が目に入ってくる。

これが昆明の新しい空港、昆明長水国際空港である。二日前に降り立った市内の旧空港とは似ても似つかない大空港である。

昆明にこれだけの規模の空港を建設したのはその好立地条件を活用し、東南アジア、西アジアへの拠点となる中国南西部の中枢空港として、北京首都国際空港、上海浦東国際空港、広州白雲国際空港と並び第４番目のハブ空港としての位置付けをしているのと同時に、更に観光開発を重ね、アジアからは勿論、世界各国からも雲南省の魅力を満喫してもらう為、大勢の旅行客を呼び込もうという狙いがあるのは容易に想像できる。

このターミナルビルは北京空港第３ターミナルに次いで何と中国で２番目の規模の大きさで、滑走路も２本あり、更に２本の増設計画もある。

空港ビルの中は天井がどこまでも高く、広々としていて迷い込みそうではあるが、中国の場合いつもそう思うのだが空港でも鉄道の駅でも他の公共施設でも、常に大きな表示板（インストラクション）が吊るしてあって、矢印の横に大きくはっきりとした字で行き先等が表示されているので分かりやすい。その点日本の場合は道路表示／交通表示も含めて字が小さくごちゃごちゃ書いてあるので分かり難いのが難点である。

出発時間までまだ余裕があったのでコーヒーでもと思い、スターバックスを見つけて入ろうとした所、何か店の中の整理をやっているようなので、聞いたところ「いやあすみません、明日からオープンなんです」と言われ「えぇ？　空港は今日からオープンなのに？」と言ってみたものの仕方なく他を探すことにした。

他のコーヒーショップを見つけモカか何かを注文したまでは良かったが、いつまで待ってもコーヒーが出て来ない。どうしたのかな?と思って聞いてみると、コーヒー豆を挽くミルの具合が調子悪く手間取っているようだ。「お客さん、もう少しで出来ますからお待ち下さいね」というので仕方なく待っていたがなかなか来ないのでカウンター越しにそのミルマシーンを覗き込んで見た所、まだモタモタとやっている。

マシーンの調子が本当に悪いのか、それともやり方がよく分からないのか、周りの従業員も皆集まって来ても、誰ひとり分からない様子で頭を掻いている。こりゃダメだと思い、もう出発時間も迫ってきていることから店を出ることにした。

今日から空港がオープンだというのに準備不足も甚だしいとは思ったが、これが中国なのかな?というよりこの南方の雲南省独特の、のんびりしたキャラから来ているのではないかと思うと、微笑ましい光景と捉えてもいいのかもしれない。

(2) 大理はやすらぎの里

飛行機は昆明新空港を飛び立ち、雲南省第二の地、大理に向かった。わずか1時間足らずのフライトで大理に到着する。

大理は昆明から西へ約500㎞行った海抜2千m以上の高地にありながら、年を通して比較的温暖な気候で大きな湖もあり、避暑地としては最適と言われているが、意外にまだそれほど知られていない。

空港から市内へそしてホテルのある大理故城へと車は下って行く。途中、眼下に大きな湖が見えてくる。これが洱海（Erhai Lake　アールハイ湖）と呼ばれる南北に長く伸びるこの大理を象徴するような美しい湖であり、いきなりの景色の素晴らしさに心が高揚してくる。

大理市内は雲南省第二の街だけあって想像していた以上に結構大きな街ではあるが、勿論昆明とは比べ物にはならない。

市内を抜け太陽に照らされてきらきら輝く湖岸沿いをしばらく走って行くと左側に大理故城の町が見えて来た。

実は大理は大きく二つの地域に分かれている。一つは下関（xiaguan　シャーグァン）と呼ばれる市街地で近代的なビルが立ち並び長距離バスターミナルや列車の駅などがある所謂新市街ともう一つは湖岸の西側に広がる旧市街、大理故城である。

この大理故城が観光の中心となるためホテルの数も多いが、大型ホテルではなく、ほとんどが民宿風やペンションン風の宿が多い。

我々が滞在したホテルもさほど大きくはないが、やはりペンション風と言おうか、ミニリゾート風と言おうか、草花や大理石の置物や彫刻に囲まれた中庭があり、部屋も広く洒落れていてとても趣のある、思っていたより遥かに素晴らしいホテルである。

上：雲南省大理洱海の美しい景観
中：湖での鵜飼で捕れた魚を手で掲げる鵜匠
下：白族の修理職人は絶対に余計なお金は取らない

上：大理のホテルは民族色豊かな素晴らしいホテル
中：白族の若い娘は白い帯を頭から下げるのが特徴
下：大理白族の女性が木陰で一休み

大理はその名の通り、元々大理石の産地として有名であり、10世紀後半頃この地に建国された「大理国」で初めて産出された事に由来してこの大理石という名前が付けられた。

大理石は結晶質石灰岩と呼ばれるもので、石灰岩がマグマの熱を受けて再結晶したもので、変成岩の一種である。

この地のホテルや家々等にも石材として、各所に大理石が多く使われているのを見るにつけ、さすがに大理石の産地としての町の表情を実感する事ができる。


大理はまた少数民族ペー族（中国語で白族 baizu　バイズー）が多く住んでいる町としても有名であり、ここを中心に160万人位の人々が暮らしているという。

彼等は主にシナ・チベット語系チベット・ビルマ語派のペー語（白語 baiyu　バイユ）を話すが、中国語も話すことができる。

日本でこの種族のことを何故ペー族とか言語をペー語と呼ぶのかは定かではないが、恐らくチベット・ビルマ語では「ペー」と発音するのかもしれない。

しかしながら中国ではあくまで白族と呼んでおり、ペー族とはほとんど呼ばないようだ。

白族は白色を尊び、自らを「白い人々」と呼んでいると言われていて、未婚女性が頭に付ける白い羽根飾りが特徴的で、これが民族名の由来となっているようだ。

私達は大理古城からタクシーを雇い、この美しい湖、洱海（アールハイ）を一周することにした。

大理古城から湖に沿って20キロ弱北上した所に喜州という村がある。そこは三方一照壁という白族独特の家々が立ち並ぶ村であり、真っ白な照壁の真ん中に山水画や「福」の字が書いてあったりし、四方に家屋を建てて中庭を配した歴史ある建造物である。

この一画で白族の間で長く受け継がれた民族舞踊を若い女性と男性が見せてくれたり、伝統の「三道茶」と呼ばれるお茶を振舞ってくれたりする。

三道茶とは三種類のお茶を順番に味わうお茶の飲み方で第一のお茶はやや苦味のあるお茶で人生の辛さや厳しさを表現するもの、第二のお茶は甘い香りと味のする人生の喜びや幸せを意味するもの、第三のお茶は甘さと辛さが入り混じり、これまでの人生の全てが包括され、楽しかった事、辛かった事を振り返るきっかけとするお茶となっているようで、湖の湖畔にある茶畑で採れる蒼山雪茶を使用するという。


少し行くと白壁に沢山の藍染のテーブルクロスや敷物が干してあるのが見えてくる。

これは近くの山に板藍根という植物が自生しており、その植物を使用して藍染が行われているという、この板藍根は葉を染物に、根は漢方薬に使用するという。

この藍染の色合いとデザインは素晴らしく、ある種芸術的な香りすら漂わしている。

そしてしばらく車を走らすと湖で鵜飼を見せてくれる場所に辿り着く。8人乗り位のボートに乗って湖の鵜飼見物を行った。

鵜匠と漕ぎ手が乗っている小さなボートが近づいて来る。すると7～8匹の鵜がボートのへりに乗って待機しているのが見て取れる。

鵜匠の合図と共に鵜が一斉に湖に飛び込んだかと思う間もなく魚を飲み込んで鵜匠の居る所に戻って来る。

鵜匠は魚を飲み込んでいる鵜を超長い竿の先端の網に高々と乗せて見物客に見せ、拍手を誘う。そしてそのあと鵜匠は鵜の喉を握って魚を出し、またその魚を高々と上げる。

他の鵜も次々と魚を飲み込んだまま戻って来て高く掲げられながら魚を放つという同じ動作が続けられるが、何せ鵜飼は日本で今まで実際に生で見たことがなかったので、見ていて面白くて飽きない。

そして鵜飼が終わるとすぐ今度は見事に飼いならされた鵜を手のひらや頭に乗せて写真を撮ってくれるというサービス精神旺盛と言おうか商魂逞しいと言おうか、客を離さない。

手のひらに乗った鵜は大きく翼を広げ、まるで勝ち誇ったように嘴を天に向けてポーズを取っている。

鵜がこれ程までに勇壮かつ優美な絵になる鳥であることなど全く思いもよらなかった。

そうこうしている内に教師生活の時、鄭州新鄭で買った腕時計が急に止まってしまったので、多分バッテリー切れだと思い、時計のバッテリーを売っている店はどこかにないかとタクシードライバー兼ガイドに訊いた所、「そうだ、それならいい所がありますよ」と言って、大理故城の一画にある小物の修理屋さんみたいな所に案内された。

中に入るとそこは店というより暗い狭いアトリエといった感じの所に一人の見るからに中国人とは程遠い現地白族の髪を長く伸ばした職人風でもあり、芸術家風にも見える一人の中年のオジさんが座って何やら手作業をしている。


ガイドが白語で事情を話すと、ちょっと腕時計を手に取って見た後すぐバッテリーを交換してくれた。

値段を訊くとガイドが「2元だと言っています」と言う。「ええ？　まさか2元と言うことはないでしょう？」「もう一度訊いてみて」と言うと「いえ間違いなく2元ですよ」と言うので、それではあまりにも安くて気が引けるので10元札を置いて出ようとすると、「いやダメだ、10元ではなく2元でいいんだ」と言って、頑として受け取らないどころか段々怖い顔になって来たので、2元を置いてお礼を言って出てきた。

まあ何という頑固な芸術家風職人気質のオジさんなのだろう。これまでいろいろと中国各地を歩いて来たが、この逆のケースはあっても、こんなことは初めてであった。

果たしてそれは職人としての独特のプライドやこだわりがあり、自分が決めた以上の余計な金は一切取らない主義なのか？　それとも自分は中国人とは違う種族なのだという逆差別化を意識してのことなのか、はたまた単に全く欲の無い人物なのかどうかは分からないが、ひょっとして古くからの白族特有の教えから来ているものなのかもしれない。

大理故城は宋代の時に大理王国の都として栄えた当時の面影をそのまま残した城門と城壁に囲まれた古い落ち着いた町である。

東に洱海、西に4千m級の蒼山を臨み、標高2千mにあるこの美しい町は〝東洋のスイス〟と呼ばれることもあるという。

場内に入ると石畳の路地と独特の瓦屋根の街並みがうまく調和し、なかなか風情のある光景が展開される。

城内はほぼ正方形で、碁盤の目のように街路が施され、復興路と呼ばれるメインストリートには手芸品や銀細工、藍染め製品、大理石製品などを売るお土産屋さんが沢山並んでいるが裏に廻ると古びた建築のお寺や教会、学校などもあり、人もそれ程多くはなく、ゆっくりと街歩きを楽しむことが出来る。

大理は人が安らげる自然、風土、人間、文化等の要素をいくつも持ち合わせた素晴らしい町であり、そして夜空いっぱいに輝く満天の星の美しさは、これまで他のどこでも見ることのできなかった天空の神秘を感じさせる素晴らしい世界がそこにはあった。

（3）世界遺産で沸く麗江の街

大理から列車に乗って雲南省第三番目の町、麗江《れいこう》（中国語読みでリージャン）に行った。

この列車は昆明から出ている昔ながらの夜行寝台列車で、昆明からは麗江まで9時間位は掛かるらしいが、大理からだと通常は2時間半程で行ける。

列車内は平日だというのにかなり混んでいて寝台席コンパートメントには片側4席、両側8席のベンチのような硬い座席に窮屈な思いで座らされたが、これでも指定席なのでいい方で、それ以外の座席指定券のない乗客達は通路にある補助椅子にびっしりと座らされていて、通路を通るのもままならない。

それでも物売りが頻繁に狭い通路をかき分け往来する。中には物売りではなく何かの会員や何かの保険に入らないかという勧誘もあるのが驚きであり、新幹線の中ではまず見られないような光景である。

列車は途中何回か止まったり、スピードを極限まで減速したりで結局3時間近く掛けてやっと麗江駅に到着した。

麗江駅は新幹線が通らない在来線の駅にも拘わらず超モダンで立派な駅であるのにはビックリ！さすが中国全土及び世界の旅行者を招き入れる世界遺産の街だけあって素晴らしい建物に仕上げてある。

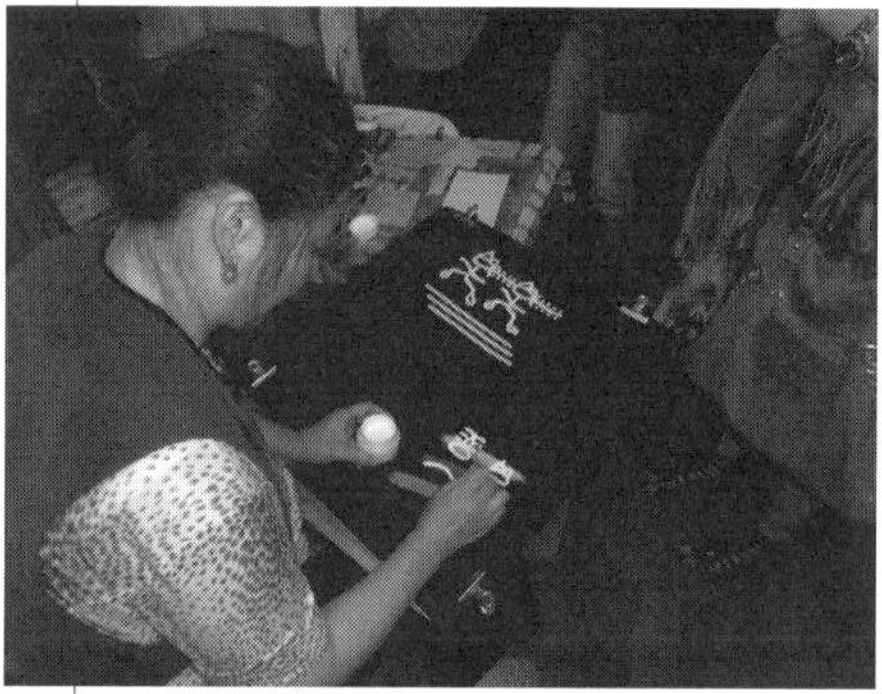

上：チベット馬に揺られながら茶馬古道の丘を登る
中：ナシ族のトンパ文字をＴシャツに描いてくれる
下：古城街のお店は夜になると一層賑わいを増す

上：獅子山から眺める麗江古城独特の屋根瓦
中：世界遺産の街、麗江駅はモダンで美しい
下：麗江の美しい宮殿「万胡楼」、後方は古城街

麗江は旧市街自体が世界遺産として認定されているという中国でも非常に珍しいケースで、この旧市街を麗江古城と呼んでいる。

麗江古城は海抜2400mの麗江盆地の中心に位置し、街全体が大変美しく、雲南省の中でも最も人気のある観光地ではあるが、世界遺産に認定されて以来、観光客が急増しているようで、人が多い為か少し俗化されて来ているようにも思える。

大理故城が碁盤の目のように街が整然と区切られていたのに対しこの麗江古城は迷路のように入り組んだ路地が縦横無尽にどこまでも続いており、規模から言うと断然こちらの方が大きい。

この麗江古城街に住んでいる70%以上の人々が少数民族、納西族（ナシ族）で特有の家屋が集落を作り、今も象形文字の一種であるトンパ文字を使っているという。

このトンパ文字を使ったおみやげ品が多く売られており、例えばTシャツの絵柄としてその場でトンパ文字を絵の具で描いてくれる。

麗江古城街の中は水路が網の目のように張り巡らされており、これも世界遺産となっている美しい玉龍雪山（標高5600m）から流れ出る玉龍江からの澄み切った水が絶えず供給されている。そしてその水路ごとに架けられた石橋や石畳の道が醸し出す風情が街並みを一層美しくしている。

古城街周辺には沢山の民宿が街のあちこちに点在し、おみやげ屋を兼ねている所も多い。

街のイメージを大切にしている為か大型のホテルは全く見当たらない。

古城街の起点となる場所に大きな水車があり、この街のシンボルマークとなっているが、この水車のある広場で青と水色と白を基調とした民族衣装を纏った納西族のオバちゃん達が大勢で輪を作り民族舞踊を披露している。これは自分達の儀式を行うのと同時に観光客へのサービスも含まれているのではないかと思う。

ここから三方向に分かれる路地があり、それぞれいかにも女性の喜びそうな洒落たお店やレストラン、カフェ、おみやげ屋がびっしりと軒を連ねている。

これを更にどんどん奥へ行くとやがて小高い丘に上ることができる。これが獅子山で、この獅子山から眺める古城全体の古びた屋根瓦の景色はまた壮観である。

夜になるとこの古城街全体が深夜0時頃までライトアップされ、昼とは全く違う顔に一変し、幻想的な世界を楽しむことができる。しかしながら夜が更けるに従って人がどんどん増えてきて静かな古都であるはずの落ち着いた街並みが、繁華街にも似たとても賑やかな騒然たる雰囲気に変わってくる。

日本の富士山もそうであるように、世界遺産になると途端に以前にも増して大勢の人が大挙して押しかけ、風情を損ねる事が往々にしてあるが、この麗江古城もそういう所が見られるような感じで、本当のところ旅行者にとっては世界遺産なんかにして欲しくないというのが本音かもしれない。

この麗江古城から4㎞位離れた所に束河古鎮というもう一つの古城街がある。

ここは納西族の最も古い集落の一つであり、かつて茶馬古道の要所として栄えた町であるという。

ここは麗江古城区と比べると地味で、より素朴で、のどかな感じのする古城街であるが、むしろ根っからの納西族の村という感じで、古民家などの昔の佇まいがそのまま残り、周辺には一面の田んぼや山並みが見え、ちょっとした癒しを与えてくれる。

この東河古鎮から少し行った所に昔からのいわゆる「茶馬古道」の中継地点として、沢山の馬が身体を休めながら出馬を待っている場所がある。

茶馬古道とは四川省、雲南省、チベットを繋ぐ交易路で果てはミャンマー、インド、ヨーロッパまで延びる別名「西南シルクロード」と呼ばれるものであり、その起源は西域のシルクロードよりも更に一千年も昔に遡るとされている。

元々は雲南省のお茶とチベットの馬を交易するのに利用した街道の為、この名が付けられたわけだが、その後お茶だけではなく、絹や布、塩なども取引されたようだ。

この中継地に居るチベット馬のほとんどが今や観光用の乗馬馬となっていて、茶馬古道の面影の残る山道をチベット馬に揺られながら約一時間半掛けて一周する観光コースがある。

値段を聞いたらかなり高かったが、滅多にない貴重な体験をする事ができると思い、乗ってみることにした。

いかにも年季が入ったベテランの馬方が先導してくれて、馬はゆっくりと茶馬古道の細い山道を登って行く。チベット馬は比較的小ぶりではあるが、山道をスイスイ登って行く所を見ると、さすがチベット馬だけあって起伏のある山道に強い、強靭な足腰を備え持った馬であることが伺い知ることができる。

やがて小高い山の展望ができる頂上まで来た所で休憩した後折り返し、今度は山道を下るわけだが、馬は滑らないように足場の良い所を選んで乗っている人を揺らさないように慎重に歩を運んで行くのが分かる。

馬というのは何と従順で賢い動物なのだろうかとあらためて思うが、それだけ良く訓練されているのではないかとも言える。


雲南省の少数民族である大理の白族も麗江の納西族も、「天空の大自然」の中に地を固めて自然とうまく調和させ、自分達の民族語と中国語をうまく操りながら皆しっかりと明るく生活しているように見える。

ここは中国各地で見られるような煤煙とかスモッグの類は全くなく、澄んだ青空と清らかな湖水、そして美しい山々が連なり、人間の心を和ませ、穏やかにしてくれる素晴らしい環境が備わっている。


中国の人達が是非行ってみたい旅行先の一つに必ずと言っていいほど雲南省が挙げられる。

「雲南省はいいですよ、素晴らしい所です」「一度是非行ってみたらいいですよ！」とよく中国の人は言う。「行かれたことがあるんですか？」と訊くと「いやまだないですけどね」と大抵の人はそう答える。

それもその筈で広い中国の南西の端まで足を運ぼうとしたら新幹線がまだ無い中では行くだけでも

何日間かは掛かる。飛行機は一般庶民にとってはまだまだ高価な乗り物なのである。

だが、あれだけ特大の飛行場を昆明に建設したからには、遅かれ早かれまた多くの中国人や外国の旅行者が大挙して訪れることが容易に想像できるが、この美しい自然の環境破壊にだけは繋がらないで欲しいと切に願う次第である。

第6章　悩める大国の未来は

1. 大飢饉と食糧問題

中国は毛沢東時代に大飢饉に見舞われたことがある。それは今から半世紀以上前の1958年頃からその兆しが現われ、1959～1962年の間の3年間に3千万人以上の人民が犠牲になったという中国史上最大の大惨事となったと言われている。

これは毛沢東が、にわか工業化に走り過ぎたことに伴う農業政策の失敗が大きく起因していると言われているが、歴代の中国共産党政権は共産国家創設者への崇敬の念を維持する為に報道を抑えて来たので、この事は世界的には余り多くは知られていない。

この大惨事を教訓にそれ以降中国は食糧安保政策を国の最重要課題として、徹底して食糧の確保、食糧自給率の向上を図り、穀類（コメ、麦、トウモロコシ、大豆等）の自給率95％確保が14億の人民の食糧を賄う為の安全ラインとしてこれを目指し、また食料全体では90％以上の自給率を実現してきた。

これに対し日本の食糧自給率はわずか39％で先進国の中で最低の水準となっている。

因みにフランス129％、アメリカ127％、ドイツ92％、イギリス72％であるが、特にカナダ

258%、オーストラリア205%はダントツで高く、これらと比較しようものなら日本の食糧自給率の低さは際立って見え、危機感さえ覚えてくる。

中国は各地を歩いて見ても感じるのだが、食糧は極めて豊富で、半世紀前に大飢饉があった国とはとても想像できないが、この安定的自給率を継続してきた中国でも最近少し翳りの兆しが見えてきたようだ。

それは飽食時代を背景として食糧需要の伸び（食肉の需要増大による家畜の飼料としての需要増）に供給が追いつかなくなって来ているという側面もあるが、最大の理由としては以前より耕地面積がどんどん減少しつつあるという事である。

全国各地の行政府がこぞって農民から農地を取り上げ、宅地や工業地に転地して来たツケがここ数年で影響を及ぼし、現在は食糧自給率90%を割っているという説がある。

この結果、輸入量が大幅に増加し、小麦、トウモロコシ、コメの輸入量も増えているが、特に大豆の輸入量は大幅に増えているという。

これは価格の安いパキスタンやブラジル等からの輸入や将来の食糧需給を見据えて、米国、カナダ等からの安定的な輸入を検討しているという。

そして他の農業生産国も今後の対中国向け穀類の輸出取引拡大に向け、盛んに農業外交を展開しているという。

習近平国家主席も「食糧安保は中国の恒久的な課題であり、いかなる時も気を抜いてはならない」と宣言していて、食糧自給率の低下は極力防ぐ一方で絶対的な食糧供給量は必ず確保して行かなければならいというジレンマに立たされており、多少の輸入は避けられない状況となって来ている。

中国が食糧自給率に何故拘るかといえば、十ヶ国以上と国境を接している隣国及び周辺諸国との間にいつ緊張状態に陥るかも分からないという具体的な予測の下に、常に食糧やエネルギー等の中長期計画を立てているのであり、日本がそうであるように、年々輸入量が増大し自給率が更に減少して行くような同じ道を辿りたくないという思いと、普段、お年寄りたちの朝の挨拶は「你吃饭了吗？メシ食いましたか？」から始まるというのが象徴するように、半世紀前の大飢饉の教訓があり、二度とこの大惨事を繰り返さないようにするという強い思いがあるからであろう。

しかしながら14億人の民を飢えさせないように今後とも維持して行く為には相当な政治的パワーが必要となって来るであろうし、将来食糧危機の懸念（中国だけではないが）が無いとは誰も言い切れないのである。

2. 家族主義が賄賂を呼ぶ

中国の家族の絆は日本で考える以上に強固である。

家族の中には直系家族だけでなく、それぞれの叔父・叔母家族も当然として含まれる。

学生たちの話の中でもよく従兄弟・従姉妹の話が出てくるが、「いとこ」とは言わないでお兄さん・お姉さん、弟・妹という呼び方で言うことが多い。

つまり叔父・叔母は父母と同様に、従兄弟・従姉妹も本当の兄弟・姉妹と同じように親しみをもって接するという。

そのいとこたちが子供を作ればそれぞれ本当の甥・姪と同様に家族同然の付き合い方を行い、大家族としてどんどんと広がりを大きくしていく。

それは実は儒教の基本理念でもある「祖先崇拝」と関係があると言われている。

現世に生きる自分達はその存在自体が祖先に負うものであると考え、祖先に対して感謝と畏敬の念を抱き、祖先の霊を誠心誠意祀ることによって、祖先が現世に生きる子孫を守ってくれるはずだと信じている。また儒教精神の中で「孝」という大事な教えがあり、子孫を増やして一族を存続・繁栄させるのが最重要であると説いている。
一方で良い悪いは別として日本は核家族化が進むに従って欧米型の個人主義的な傾向が強まり、特に若い人達の間では親戚同士の付き合いを煩わしく思ったり、家族の間ですらコミュニケーションが希薄になって来ているように思える。

この中国人の「家族主義」は日本人にとってはある種分り難い面もあると思うが、中国における「家族」とは「一族」のことであり、その構成員は数百人から一千人単位に及ぶことがある。そしてこの一族の間では嘘をついたり自分勝手な行動はしないで、独自の掟や決まり事を遵守するが、一族の外においては一族を守る為なら時には嘘もつき、人を騙したり、自分勝手な行動をとる場合もあるという。

中国人の家族主義をここまで肥大化させたのは、これまで何度も何度も大乱が繰り返されて来たという歴史の変遷の中で、頼れるのは血縁一族しかいなかったという歴史的背景がある。

家族を大事にするということはとても良いことであり、日本も見習うべき点が多いが、家族主義に傾倒し過ぎるあまりに昔から賄賂・汚職がはびこり、さらに新たなる賄賂を誘発する悪しき温床となっている側面がある。
強力な同族意識と結束力の強さが生むネットワークはかなり広範囲にわたり、一人の人間の後ろには大勢の血縁者が存在し、一個人、一家族の成功はその一族全ての繁栄に繋がらなければならないという一種の不文律がある。

中国で言うコネは主にこの血縁者・身内の間で作られて行くものであり、場合によっては賄賂や汚職に繋がって行くケースが多いのである（勿論、血縁関係を超えたところにもコネは存在するが）。

例えば官僚の採用試験や高官への登用試験などはコネが無いとまず合格は難しいと言われているし、高官が権力を持つとその子供達などに会社を作らせ、父親の権力の下、不正なやり方で大儲けさせるという古典的な手法が今だに横行しているようである。

また中国の汚職官僚の場合は家族も堂々と汚職に協力するケースが多く、奥さんや家族も一緒に賄賂をもらったりする。つまり夫婦のみならず、父親と息子、父親と娘、舅と婿などの組み合わせも多いという。

そして賄賂で受け取った大量の金をどこかの国にマネーロンダリングし、息子などをその国、又は近くの国へ留学させたりして管理させるという。

毛沢東も資本主義やこの家族主義の根絶を図ったが、結局はこの中国の伝統的な家族主義は絶えることなく改革開放政策以降さらに活発になって今日に至っていると言われる。

そして現在、習近平政権は官僚汚職の根絶を訴え、盛んに政府高官や地方の官僚の汚職を摘発し、逮捕処分しているが、次から次に新たなる汚職が発生し、歴史的に積み重なった家族主義を背景とした汚職・賄賂構造は一向に無くなることはないようだ。

中国で賄賂がいかに多いかを知る上で象徴的なのは、例えば大連でも警察署の看板で見た通り、多くの警察署に「賄賂課」という部署があるということである。

つまり中国政府がいくら国家主義を唱えても、中国人民としては「頼る者はやはり家族であり、血縁一族である」という強い意識がある限り、なかなか国家の繁栄と利益を目的として一つにまとまることは難しいのではないかと思うが、今後の中国においてこの家族主義を背景とした国家社会の構造は将来少しでも変わって行くのかどうか、あるいは根本的には変わらないのかどうかの予測は難しい。

3. 不動産バブル崩壊の始まり

最近の中国不動産価格の下落が止まらないでいる。

2011年頃からその兆しは見られていたが2013年位まではまだ比較的少数の都市でしか不動産の下落が見られなかったのが、2014年から本格化し、後半に入ると全国の殆どの都市で一斉に不動産価格の落ち込みが顕著になってきている。

これまで中国の住宅市場はバブルであると言われて久しい程、長年不動産投資への過熱は凄まじいものがあり、特にリーマンショック後の政府による景気のテコ入れで金融機関の融資も大幅に拡大していた。

地方政府もその財政収入の多くを不動産の売却収入に依存しており、中国全体がこぞって不動産市場を煽ってきたような感じがある。

この結果、全国各地で膨大な数のマンションが建設された（現在建設中のマンションも多くあるが工事が止まっている所もあちこちで目にする）が、入居する人がおらず、高級マンションをはじめとするゴーストタウン化が中国各地で出現し、現在ではマンション等の空き室が極端に言えば何と1億戸にも上るとも言われている。これで不動産の値崩れが起こらない方が不思議である。

一般市民や一般投資家が以前、無理してローンを組んで購入した高額なマンションが現在大幅に値下げして売られているのに怒り、抗議が殺到し、大きなデモにまで発展しているというが、不動産業界自体が破産の危機に直面している中でとても過去の購入者達の援助を行う余裕などなく、絶対に下落しないと言われた上海でも不況の影響を受けた不動産仲介業者が軒並み倒産しているという。

日本でも80年代後半に凄まじい不動産バブルが起こり、世界中の不動産、企業まで買いあさって名目GDPが80年代後半の数年間で急伸した時代があった。

その間、日経平均株価も一気に跳ね上がり89年末には3万9千円まで上げ、90年には4万円台間違いなしと言われた所でバブルがはじけ90年中程では2万円台まで急落した。

これ以降バブル崩壊により経済が低迷し、〝失われた10年〟という言葉が使われたが、今ではそれが20年以上になっており、成長から見放されている。

中国政府としては不動産バブルの崩壊を非常に危惧しており、90年に起こった日本のバブル崩壊前後の状況をよく研究している。そして絶対に日本の轍だけは踏みたくないとして盛んに対策を練っているはずだが、日本がこれまで常に欧米の後を追いかけ、同じ様な道を後から辿ってきているのと同様に、中国も高度成長から一転、バブル崩壊後に陥るデフレと長期的経済の低迷、急速に進む少子高齢化等々の同じ様な道を辿らなければいいと思うが、高度成長での公害問題や環境汚染などの実態例を見てみると、どうも同じ様な道を辿って行く可能性もあるのではないかという事を危惧する。

というのもそれは中国が直面しそうな問題は日本が過去及び現在経験しているものが殆どで、〝日本は中国の未来の姿〟であるという事が言えなくもないからである。

4. 少数民族と新疆ウイグル自治区

中国の少数民族は全部で55あり、漢族を入れると56の民族に分けられている。

中国政府は基本的には民族区域自治という少数民族政策をとっており、国民を漢民族と少数民族とに区分し、その民族ごとに集住地域を〝区域自治〟の領域として指定している。

そこでは「民族の文字・言語を使用する権利」「一定の財産の管理権」「一定規模の警察・民兵の組織権」「区域内で通用する単行法令の制定権」などの権利を認めている。

国民を構成する諸集団がどの民族に帰属するかを法的に確定させる行政手続を民族識別工作と言うが、例えば中国残留日本人孤児などに由来する日系人、香港、マカオの返還に伴い中国の国民になった英国系、ポルトガル系などは少数民族として扱われていない。

一方ロシア系（ウロス族）は少数民族として扱われている。

55の少数民族の中では広西チワン自治区などに居住するチワン族が人口1600万人と最も多く、次に多いのは人口1千万人程の満州族、回族、ウイグル族と続いており、チベット族も600万人位を有している。

少数民族と言ってもあくまで12億人強いる漢族と比べて少数であるから「少数民族」と呼ばれるだけであって、例えばチワン族であれば、オランダと同じ位の人口があり、満州族、回族、ウイグル族はスウェーデンと同程度の人口で、決して少数ではないどころか無視できない人口を有している。

これらの中でウイグル族を抱える新疆ウイグル自治区とチベット族を抱えるチベット自治区が中国の二大少数民族問題として現在も揺れ動いているが、特に新疆ウイグル自治区の民族問題は深刻な影を投げかけている。

新疆ウイグル自治区は中国に五つある自治区の一つで、中国西北端に位置し、大きさから言えば、中国の全省及び自治区の中で最大の面積を誇り、中国全土の約六分の一を占めている（何と日本の4．5倍もある）。

モンゴル、ロシア、カザフスタン、キルギス、タジキスタン、アフガニスタン、インド、パキスタンなどと国境を接しており、首府のウルムチはユーラシア大陸の最中心部に位置している。

中央に横たわる天山山脈を境に北はジュンガル盆地、南はタリム盆地に分かれていて、このタリム盆地の中には中国最大の砂漠、タクラマカン砂漠がある。

総人口は約2200万人で、ウイグル族をはじめ、漢民族、カザフ族、キルギス族、ウズベク族、ロシア族、タタール族などが居住している。

元々は中国とヨーロッパを結ぶシルクロードのオアシス国家として栄えていたが、中国の王朝が西域の支配に乗り出し、随唐時代にはこの地を直接支配するようになった。

その後、唐の勢力が衰えるとチベット、モンゴル、キルギスなど幾多の勢力が代わる代わる支配していたが、その後ウイグルがウイグル族を形成して支配するようになった。

宗教もそれまで仏教やキリスト教が主体であったが、10世紀以降全域がイスラム教化した。

清朝時代に征服されたが、その後独立の動きもあり、1933年と1944年に二度にわたって民族独立国家〝東トルキスタン共和国〟の建国がはかられたが失敗に終わり、1949年に最終的に中国共産党国家の新中国（中華人民共和国）に統合され、1955年に新たに新疆ウイグル自治区が設置された。


中国政府は1950年頃から新疆生産建設兵団と称してここに大量の漢民族を入植させた。

そして入植当初はまだわずか7％だった漢族の比率が1990年以降40％程度に達し、ウイグル族に匹敵する割合となり、駐留する人民解放軍を合わせるとウイグル族を超えているとも言われている。

漢族の移住が増えると共に文化や宗教が抑圧されていると訴えるウイグル族との対立が激化し、1990年代以降はソ連崩壊に伴う中央アジア諸国の独立を受けて、ウイグル族の独立運動も活発になった。

これに対し中国政府は武装警察などを投入して締め付けを強めているが、不満を持つウイグル族による武器や爆薬を使った襲撃事件が後を絶たない。

ウイグル族は元々トルコ系イスラム教徒で、現在新疆ウイグル自治区に居る住民が大半ではあるが、中国の他の地域や周辺国、例えばカザフスタン、ウズベキスタン、キルギス等にも分布しており、文化、宗教は勿論のこと、風俗、生活習慣全てにおいて漢民族とは全く異なる。

それは言わば「ユダヤ人とアラブ人」以上の違いがあるかも知れない中での漢民族との調和は非常に難しいと言わざるを得ない。

ましてや中心都市ウルムチの住人の多くが今や漢族で占められ、ウイグル族は地方に追いやられている様な格好で、経済格差や就職差別等に対しての不満は益々エスカレートしている状況である。

勿論中国政府もこのウイグル族を含め、少数民族に対する優遇政策はいろいろと取ってはいるようだが、余りやり過ぎると今度は漢民族からの不満が出てくる可能性もあり、難しい舵取りを迫られている。

新疆ウイグル自治区は英語では「東トルキスタン」と呼ばれ、逆にウズベキスタンは「西トルキスタン」とも呼ばれている。トルキスタンというのは、トルコ人の住む土地という意味で、ひとつ繋がりの土地ということを表している。

またカザフスタン、ウズベキスタン、キルギスタン（現国名はキルギス）、アフガニスタンというように「スタン」という語尾はペルシャ語で誰々の土地という意味の言葉であり、中央アジアはほとんど皆、国名に「スタン」が付き、イスラム教国であるというのを分かりやすくしている。

新疆ウイグル自治区は全中国の中で最も資源の豊富なところである。

特にエネルギー資源は豊富で、石油、天然ガス、石炭の埋蔵量が中国全体の推定埋蔵量に占める割合は、石油1／4、天然ガス1／3、石炭1／3になっている。

ジュンガル盆地の油田の他にタリム盆地は中国最大の堆積盆地であり、今後も大きな石油・ガス田が発見される可能性があり、国内の他の油田、例えば黒竜江省の大慶油田などの生産量が減少して来ていることもあり、この地の石油の重要性が益々高まって来ている。


また天然ガスの供給源としても重要で、パイプラインを通して国内外に供給され、パイプラインの主幹線だけで何と5千㎞近くある。

一方で安定的なエネルギー確保の為、周辺中央アジア諸国からの輸入も活発で、カザフスタンからの原油パイプラインも終着点は新疆ウイグル自治区にあり、トルクメニスタンの天然ガスもウズベキスタンやカザフスタンを通して新疆ウイグル自治区に入る。

これらは自治区内の石油・ガス油田経由で中国沿岸部などへパイプラインで繋がる。

また鉱物資源も豊富で、全部で140種以上の鉱物が発見されており、ウラン、プラチナ、金、ダイヤモンド、ルビー、エメラルドなどの貴金属や鉄、鉛、銅、錫、雲母などが産出されている。


中国がこの地域を民族、宗教、文化、生活習慣等がどんなに違おうが、どんな紛争が起きようが、絶対に手放すことが出来ないのは、この豊富な資源があるという事と、中央アジア諸国との接点にあり、文字通り重要なパイプ役になっているという事が最も大きな理由であることは疑う余地のないことであろう。

従って同じように民族紛争の絶えないチベットと比較すると、地政学的重要性から言えば、この新疆ウイグルの方が中国にとって遥かに重要であるということが言える。

一方で新疆ウイグルの独立運動が更にエスカレートし、今後もしもイスラム国やアルカイダ等の過激組織と連携するような動きになった場合、世界を巻き込むような深刻な事態が起こる可能性もあるということが懸念されるのである。

5. 南シナ海領有権紛争の行方は

南シナ海は中国、台湾、フィリピン、ベトナム、マレーシア、ブルネイ、インドネシアなどに囲まれた海域であり、海南島を除けば大きな島はなく数多くの無人島（ほとんどが環礁・岩礁）があるが、北部中国沿岸や南西部には大陸棚が発達し、石油や天然ガスなどの資源が豊富にあると言われている。近年になってこれらの資源や海洋資源の確保を巡って周辺各国の利害関係が錯綜し、領有権問題に発展してきている。

19世紀にフランスの帝国主義的支配がインドシナ半島東部に及ぶに至り、この地域に付随する南沙諸島などについてフランスが主権を求めた。

１９３０年代には既に台湾を領土に編入していた日本とフランスの両国が南沙諸島の帰属について争い、第二次世界大戦の開戦に伴って日本が領有を宣言し併合したが、日本の敗戦により１９４６年に中国が接収し、１９５１年のサンフランシスコ条約署名により日本が権利を放棄したことで、中国は南沙諸島を含む南海諸島全域の領有権を主張した。

70年代の後半になると海底油田などの存在が注目されるようになり、90年代にかけて東南アジア諸国が急速な経済成長を遂げるに連れて各国のエネルギー需要が急増した為、豊富な天然資源が眠るとされるこの海域で、中国、台湾、フィリピン、ベトナム、マレーシア、ブルネイがそれぞれ領有権を主張している。

この中で中国は独自の「9段線」を根拠にほぼ全域での管轄権を主張し、軍事力や経済力を背景に監視船を派遣するなどして実効支配を強めている。

フィリピンは1995年にそれまで実効支配を続けていた南沙諸島ミスチーフ礁を中国に奪われた経緯から中国と南シナ海の領有権問題で激しく対立してきたが、これも長くフィリピンが実効支配していたと言われるフィリピン近海の中沙諸島東部にある岩礁、スカボロー礁（中国名：黄岩島）を巡る対立で2012年には中国とフィリピンが一気に緊張状態に落ち入り、一触即発の状態が続いた。

この時、日本のマスメディアはどういう伝え方をしていたのか知らないが、私が中国にいて実感したのは実際すぐにでも両国が開戦してもおかしくない様な、かなり緊迫した状況が伝えられていた。

更に翌年には中国側がここに軍事施設を建設しているという情報があり、両国間の緊張状態がその後も続いている。

フィリピン政府としてはもしここを中国に完全に獲られれば、領海の40％近くもの排他的経済水域が失われることになり、世界有数の海運ルートで軍事的要衝でもあるため、絶対に譲れないとして国連海洋法条約に基づき中国を国際仲裁裁判所に提訴しているという。

一方ベトナムは２０１４年５月に中国と領有権を争っている西沙諸島近海で中国が石油掘削装置を設置し、掘削作業を開始したことにより、中国による支配の既成事実化の強化と捉え、ベトナムの許可を得ていない中国側の行為を違法とし、激しい反発・抵抗を示している。

これに対し中国側は国有大手（中国石油天然ガス集団）が行っていた試掘作業が完了し、石油と天然ガスが埋蔵されていることが確認されたと発表したのをきっかけに抗議するベトナム船と中国船が衝突を繰り返し、ベトナム国内では抗議するデモがエスカレートし、一部暴徒化し死者が出るなどの事態となって、中越の対立は激しいものとなった。

そんな中で中国は南沙諸島のある岩礁を埋め立て全長約３千ｍ、幅３００ｍの人工島を建設するなどの準備を着々と進めており、そこにタンカーや軍艦が寄港できる大きさの港が建設されているという。

そして中国は既に２０１２年には南沙諸島、西沙諸島、中沙諸島を一元管理する為、海南島に続く中国二番目の島部の地級市として三沙市を新たに設立している。

今度はインドネシアで新たなる領有権問題が発生し、大きな問題となっている。

インドネシアはこれまで南シナ海の領有権問題で自ら仲介役を買って出ていたはずであるが、ナトゥナ諸島をめぐる問題が起きてから立場が微妙になってきている。

ナトゥナ諸島（中国名：納土納群島）はボルネオ島の北西に位置し、150余りの大半が無人島の島から成るが、周辺海域は海洋資源に富み、インドネシア排他水域ぎりぎりの所にある世界最大の埋蔵量を持つガス田が確認されてからは、中国、ベトナム、フィリピンなどの国々が絡み、また新たなる火種になる可能性が出てきている。

尖閣問題もそうであるが、この領有権をめぐる国と国とのトラブルは歴史的に見ても常にドロドロの利害関係が生む利権争いがエスカレートして紛争になり、そして戦争に繋がる由々しき問題であり、際限のない繰り返しが一体いつまで続いて行くのかと思う時、本当にこの骨肉の争いをする凄まじい活力を他の平和的活動に代替え出来ないものかと考えてしまうのである。

この各国の領有権争いは一見すれば石油、天然ガス、その他の海洋資源や漁業権の分捕り合戦のように見える。勿論その目的もあるが、実はその裏にはもっと重要な軍事上の目的が隠されているわけで、国連やASEANが今後いくら仲裁に乗り出そうとしてもなかなか一朝一夕では解決出来ない難しい問題ではある。

しかしながらお互いの英知を持ってより良き解決の方法を模索していく以外にないわけで、この南シナ海をめぐる軍事的な衝突だけは絶対避けなければならい。そうでないと近年折角盛り上がってきたアジアの成長が一気に削がれてしまう可能性があるからである。

6. 急速に進む中国の高齢化社会

高齢化社会を論じる場合、現状では勿論、世界の中で日本が最も高い高齢化率を示す国になってしまっているが、中国の高齢化もまた年々加速しようとしている。

中国は２０１３年度に高齢者人口は２億人の大台を突破し、総人口の14％を占めるまでに至ったといわれる。

日本の比率は25％近くになっているのだからまだ驚くには値しないと思われがちだが、絶対数から言えば、日本の総人口を遥かに上回っているわけだから凄いことではある。

そして今後加速度的に増え２０２５年には3億人を超えると見られているが、急速な高齢化が進行する中でその対策は遅れている。

一般的にＯＥＣＤに加盟している国は多くの場合、高齢化社会に突入した際の1人当たりのＧＤＰが1万ドルを突破していたと言われるが、中国の場合は1千ドル程度の状態で、国全体が裕福とは言えず、様々な準備がまだ整わない状態で高齢化社会を迎えることになる。

中国は１９８０年代に入り、産児制限、いわゆる〝一人っ子政策〟を本格化させた。

毛沢東政権時代は国を発展させ、大国にのし上がっていく為には人口をどんどん増大させることが必要であるとし、産児制限などは一切しなかったが、その後、人口が野放しに増えたのでは例え経済成長を遂げても1人当たりでは決して裕福にはなれないとして、毛沢東の発想からの完全な離別を行った。

しかしあまりにも強引な産児制限が続いたことにより、中国はいまだ十分に先進国化しないままに少子高齢化社会に突入することになった。

働き盛りの夫婦は自分達の子供だけでなく、双方の両親の計4人、場合によっては祖父母の面倒まで見なければならず、一人っ子政策によりこれまで甘やかされて大事に育った反動が一気にここにきて出てくるような状況となって来た。

ましてやその夫婦の子供となると将来一体どれ位の人達の面倒を見て行かなければならないのかということになるのである。

というのも中国の年金水準は全体的に見れば高いわけではないので決して楽ではないからである。それでも公務員は優遇されている関係で年金額は悪くないが、圧倒的に多い企業従業員や農村居住者などは公務員と比較すると極端に条件が悪くなっている。

中国の年金制度は日本と同じ様に「官」と「民」が違う二重性となっており、受給される年金額など諸条件が「官」に非常に有利な制度となっているのである。

現行制度では政府機関や共産党組織、公共機関に勤める人達は年金に拠出する必要は全くなく退職前給与の平均70％相当の年金額を全額政府から支給されているが、民間企業の従業員は給与の８％を年金口座に拠出するほか、事業主が支払う賃金の20％が年金基金に積み立てられているが、労働者が定年退職した後受給する年金額は退職前給与の平均40％相当に過ぎない。

ましてや農村居住者に至ってはこの半分も支給されていない現状で大きな隔たりがあるという。因みに中国の農村人口は全体の６割近くに及ぶというが農村居住者の僅か２割程度しか年金口座に拠出していないという。

こうした不公平な年金制度に国民の不満が高まっているのを受け、政府としては公務員でも一律20％を年金口座に拠出する義務を負わせるなど年金の一本化に向けての研究を進めているというが、それが実際いつ実施されるのかなどの具体案はまだまとまっていないという。

一方、高齢者福祉サービスの方はどうかというと、まだまだ十分に整っているとは言えない。元来中国では高齢者に対する介護は家族に依存する伝統があるからである。

１９９０年代後半より〝高齢者権益保障法〟なる法律が施行され、子女は老父母を経済的に支え、精神的にも慰めることが義務付けられているが、近年の核家族化に連れて家族の扶養機能が弱まり、社会の介護福祉サービスに頼る傾向が段々強くなってきている。

ましてや今後高齢化が加速度的に進み、これを支えなければならない若い人達はこれまでの一人っ子政策の弊害に苦しみ、益々厳しくなって行くであろうことを考えると、高齢者福祉施設や介護サービスをどんどん増やし、充実させないと立ち行かなくなってくる。

世界で最も高齢化が進んでいる日本では介護保険制度の導入以降、高齢者産業は急速に発展し、世界有数の高齢化社会で培われた様々な制度、高齢者関連商品や関連サービスが中国で注目されるようになって来ている。

老人ホーム、デイケアサービス、訪問介護、福祉機器・用品などこの分野で幅広く、多くのノウハウを蓄積しつつある日本企業にとっては、今後この中国市場における福祉・介護ビジネスを展開するチャンスが大いに生まれてくる可能性がある。

また中国の学生や若い人達の間でも将来性のあるこういった福祉分野への就職を目指す者が増えており、実際日本の大学の福祉学科や専門学校へ留学する人が増えてきている。

中国の高齢者の数から見て、最低でも1千万人以上の専門介護員が必要とされているが、現状ではまだ数十万人しかいないという。

ところで私が45年前にデンマークで過ごした時にはデンマークは既に高齢化社会に入っていた。

多くの老人が公園やらカフェテリア等に溜まり、時間を持て余していたように記憶している。ただ日本や中国との違いは、当時からデンマークはスウェーデンに次いで福祉国家のお手本みたいな国であったから、老人ホーム等の福祉施設や介護施設が整い、医療費も含めてほとんど全てが無料であった為、老人にとっては天国のような国であった。

ただ若者や中年の人達にとっては働いても税金ばかりが重くのし掛かり、一見無気力で退廃的なムードが街に漂っていたように感じた。

歴史は繰り返すとは言うが、北欧や先進ヨーロッパ諸国から遅れること数十年の日本、そしてその日本から遅れること十数年又は数十年での中国が同じような高齢者国家になろうとしている。

中国のお年寄りは、今はどの地を訪れても公園で太極拳やダンスをしたり、店先で麻雀や将棋を指したりして、ゆったりと流れる時間を存分に楽しんでいるように見える。

しかしながら高齢化が急加速するに伴い、極端に言えば公園はお年寄りで溢れかえり、歩道には雀卓が並びきれない程埋め尽くされているような状況にもしなったとしたら、ゆっくりと余暇を楽しんではいられなくなるかもしれない。

発展途上国から先進国にまだ至っていない中で、今後福祉国家としての道を歩んで行けるのかどうかが大きな課題となって来るのではないかと思う。

それを言うなら勿論日本もまだ不十分な点が多々あり、決して福祉国家などと呼ぶことはまだまだ出来ないと思うのであるが……。

7.　チャイナの夜明け

今後の中国は、大気汚染等の環境問題、バブル崩壊による景気後退、民族問題、複数の国との領有権争い、人権問題、急速な高齢化現象等数多くの課題を抱えている。

しかしながらこれらは日本及び欧米においてもこれまでほとんど経験している問題であり、時間差こそあれ、あるスパンをおいて必ず一度は経験する必須の事柄であるように思えてならない。

他国が何とか乗り切って来たように、中国においても多少時間は掛かるかもしれないが、いつかはきっと解決できる問題であろうし、それだけの底力を中国は備えているように思う。中国は長い長い歴史の中で培ったノウハウが沢山あるはずで、元々は日本の大先輩であったわけである。

日本のマスコミ（日本だけではないが）はとかく中国の悪い部分だけを取り上げてスポット的におもしろおかしく報道する傾向があるが、これはある意味大衆へのウケ狙いの意思を強く感じさせることが多い。つまりとかくこの世の中は他人の悪い所を披瀝する方がネタになりやすいからである。

中国にも悪い点ばかりではなく良い点、優れた点は数多くある。

幾つか例を上げると、一つはセキュリティー対策が徹底しているという事で、飛行機は勿論のこと列車でもバスでも全ての交通機関を利用する前に必ずセキュリティーチェックが行われている。また小さい子供の学校や塾などへの送り迎え、家のキーは二重三重の施錠になっており、最近は少し減ってきてはいるがタクシーの運転席は鉄格子で守られている車両が多い。それだけ治安が悪かったためと言ってしまえばそれまでだが、事件を未然に防ごうとする意思は強く感じられる。

一方日本も昨今相当治安が悪くなって来ているのにまだまだチェックは緩く、空き巣、強盗、ストーカー殺人、子供連れ去り事件、放火殺人などや外国人による犯罪も増えてきており、いろいろな事件が後を絶たないでいる。

以前は世界で最も治安の良い国の一つとされてきた日本が今ではかなり低下してきている。

その割にはセキュリティー対策が世界の中でも立ち遅れているように思う。

そして一つは中国は道路交通標識がどこもはっきりと分かりやすく描かれているという事である。どんな裏通りや奥まった道に入っても通りの名前（中国語で「路」ルー）と区画の名前（「街」ジエ）がはっきりと分かりやすく書いてある。勿論表通りや大通りは車の中で遠くからでも分かるように大きな看板に大きな字で表示してあり、地下鉄やバスのターミナル駅、公共施設等の表示もそれと同様である。どこかヨーロッパのそれに近いものがある。

それに引き換え日本は区画や道路表記も曖昧で読み難く、分かりづらい所が多い。

日本のように一応、単一民族・単一国家・単一言語の国はそこまで大きくはっきり表示しなくても大体分かるだろうというある種の信頼感から来ているのかどうか分からないが、昨今相当な数で外国人居住者が増えてきていること等を考え合わせると、このままでいいのかなとも思う。

もう一つは身分証明書（ＩＤカード）である。16歳以上の全ての中国人民は身分証が発行される。そこには氏名、生年月日、戸籍住所、族名等その人の基本的な全ての個人情報が刻まれており、顔写真も直接印刷され、18桁の身分証番号が付いている。

中国人は常にこれを携帯し、いつ・どこで・どんな時にでもすぐに提示できるようにしている。例えば全交通機関のチケット購入時や入学試験等受験時、博物館・美術館等の入館時、契約時等々必ず必要で、その都度、機械にかけられ番号が記憶されるようになっている為、誰がどこで何をしていたかをチェックしようと思えばできる。

我々外国人の場合は代わりにパスポート提示が義務付けられており、それこそ交通機関で移動するたびに提示するわけだから、言ってみれば動きを常にトレースされていることになる。

十数億の民を管理する為にはやはりこういう制度も必要となってくると思うが、日本においてここまでは必要ない？にしても身分を証明する為の統一のＩＤカードは必要なのではないかと思う。

実際日本でも何かに付け「身分を証明する物は何かお持ちですか？」とよく言われる。健康保険証を出そうとすると「出来れば顔写真の付いているものがいいのですが、例えば自動車免許証とか……」と言われるケースが多いので、運転しない時でも免許証を携帯することになる。

ペーパードライバーには、運転するつもりはないが身分証替わりになるので免許更新はしておこうかなという人が多い。それなら免許証のない人は何を出せばいいのかということになるので、出すものがまちまちよりは日本でもこの辺で統一のＩＤカードを発行した方が良いのではないかと思う。昨今、知らず知らずの内に相当数の密入国者（入国許可を得ていない人達）が日本に居住しているケースも多くなっているからである。

中国は以前と比較すれば国家としても民度も確実に成長しているように思う。また悪い点があればそれを改善しようとする意欲を持っており、その力は現在でも確実に働いているように思う。

中国人はどんな場面に陥ってもそれをはね返そうとするバイタリティーがある。

起業率も世界有数で世の中の臭気を嗅ぎ分け、直ちに行動する力があり、どんな仕事でも仕事を作り出すのが上手である。そして全く仕事が無くなり食って行けなくなれば、物乞いだって平気で行う。日本のように何もしないホームレスにはならない。

ＧＤＰ世界第二位に躍り上がり、さらに米国を抜いて第一位を目指していた中国が、ここに来て同時期に難題が押し寄せてきた感はあるが、英知を振り絞り、これらの問題をクリアーして本当の意味での夜明けを迎える日もそう遠くはないであろうと信じるのである。

完

エピローグ

これまで日本ではほとんど知られていなかった「中国河南省」という地へ赴いての勤務という話を聞いた時にはさすがに少しの戸惑いはあった。

というのも北京、上海、広州などの大都市圏はある程度のイメージはできたが、内陸の真っ只中にある河南省はほとんど具体的なイメージが湧いて来なかったからである。

それでも一方で、生来好奇心の強い性格からか、知らない所で生活する機会を持つことが出来るというチャンスを逃したくないという気持ちはあった。

結果としてそれは自分が想像していた領域を完全に打ち破るかのように、大学も素晴らしい総合大学であったし、学生は皆本当に真面目に学習し、真摯な態度で授業に耳を傾けてくれた。

そして何より河南省という地方は世界四大文明の一つ、黄河文明がもたらされた地であり、古代中国の歴史が詰まった由緒ある土地であるということが、あらためて、はっきりと認識できたという事である。

この由緒ある地での貴重な生活体験や歴史の旅はこういう機会でもない限り、なかなか実現できるものではなく、この話を持って来てくれた李先生には本当に感謝したい。

勿論大学でお世話になった陳先生はじめ中国人教師及び米人教師や国際交流課の人達にも同じように感謝の気持ちでいっぱいである。

また河南省以外の各省にも足を踏み入れ、時には強烈な印象を刻み込まれる事もあった。

特に雲南省ではこれまでの中国には見られなかった独特の風土と生活習慣を肌で体感し、中国の広さをあらためて認識することが出来た。

それは例えばどちらかと言うと拝金主義を唱える人達が多い中国にあって、山に囲まれた自然の中にあって、人々は自然を愛し、尊重しながら伝統を守り、決して金欲には走らず、必要以上のお金は受け取らず、自分の身の丈に合った生活をエンジョイしているように見えた。それは私が過去2回訪問したネパールで生活している人々の様子を彷彿とさせるものがあった。いくら貧しくても自然崇拝をしながら、その日その日を心穏やかに暮らしている姿であり、人間にとっての本当の幸福とは一体何なのかということをあらためて考えさせられるものであった。

中国はまだ発展途上の国であるとよく言われる。それは中国人自身からもよく出る言葉である。日本よりも遥か昔の、4千年の歴史を抱えながら、これまでの文明の蓄積をたっぷり担保しているはずの国なのに、そして今ではGDP世界第2位にまで踊り出た経済大国であり、軍事大国なのに、未だ〝先進国〟とは言わず、〝発展途上国〟と言われているのは何故なのかなとも思う。

普通ならば「我々はもう先進国の仲間入りを果たしている」とか「これから世界一を狙う国なのだ」という声も中にはあって不思議ではないと思うのだが、口を揃えて「我々はまだ発展途上国ですから」と言う。これは我々日本人に対して謙遜して言っていたり、自分達を卑下して言ったりしているわけではない様に感じる。

一つの理由として考えられれのは、過去から現在までもずっとそういう教育を受けて来たからではないかと思う。つまり人民を鼓舞するために、発展途上の国、いわゆる「Developing Country」としてのスタンスを崩さずに邁進して行こうとする共産党政府の政策の表れなのか、あるいはやはり一人当たりのＧＤＰの低さ、つまりまだまだ低い個々の一般人民の生活レベルを実感しながら言っている言葉なのであろうか？　それとも精神文化の未熟さのことを言っているのであろうか？

日本がこれまで常に欧米を意識し、追いつけ追い越せと頑張って来ても未だにそのギャップが埋められないのは精神文化がどうしてもまだ追いつけないというジレンマがあるのではないだろうかと思う様に、中国もやはり精神文化の開きを感じているのかもしれない。

ただそう言っていながらも、この先10年、20年後に中国は、あっという間に発展途上国から先進国に転身し、名実ともに世界一にのし上がって行くかもしれない。

それを実現する潜在的な能力や可能性は十分に備わっている国なのである。

2015年3月

成田　弘

著者／成田　弘（なりた　ひろし）
1946年東京で生まれる。
早稲田大学在学中の1969年に1年休学して一人旅でユーラシア大陸一周踏破を行う。その後も個人旅行、出張等にて数々の国々を訪問。計40ヶ国以上となる。2006年12月末にて日産トレーディング株式会社を定年退職し、執筆活動に専念。中国語を学んだ後、日本語教師として中国河南省に赴任し、1年間生活する。
著書に『ユーラシアの風に吹かれて』（叢文社）

チャイナの夜明け

発　行　二〇一五年七月二五日　第一刷

著　者　成田　弘
発行人　伊藤太文
発行元　株式会社 叢文社
東京都文京区関口一―四七―一二江戸川橋ビル
電　話　〇三（三五一三）五二八五（代）
ＦＡＸ　〇三（三五一三）五二八六

印刷・製本　モリモト印刷

ISBN978―4―7947―0743―7